Michael Hesseler

»Der hustende Fisch«

Frei erfundene Reformvorschläge
aus dem alten China

EDITION OCTOPUS

Michael Hesseler, »Der hustende Fisch«

© 2007 der vorliegenden Ausgabe: Edition Octopus

Die Edition Octopus erscheint im

Verlagshaus Monsenstein und Vannerdat OHG, Münster

www.edition-octopus.de

© 2007 Michael Hesseler

Alle Rechte vorbehalten

Satz: Wolf Bruns, München

Umschlag: MV-Verlag, Münster

Druck und Bindung: MV-Verlag, Münster

ISBN 13: 978-3-86582-144-7

ISBN 10: 3-86582-144-8

Inhaltsverzeichnis

i

iii

v

1. Geschichte: Frühling

Es ist Frühling, die Päonien wachsen zur Würde aller. Warum sollten Menschen dann keinen Grund haben, ein Fest zu feiern, übermütig zu werden und ihre Kinderschar zu vermehren, wenn man es noch kann und nicht jemand anderem überlassen muss. Die Leute auf dem Land blicken dank des Teekalenders durch. Weil sie nur grüne Bäume im Lande Jih-ta sehen, trinken sie den „Grünen Frühling" aus Taiping. Der Getreideregen später muss sein. Nur die edlen und sittsamen Versuche des Drachens unterbrechen die Harmonie. Dazu gehört wohl, den noch aufrecht gehenden Menschen auf Erden in Harmonie mit dem Himmel hierarchische Ordnung mit allen Mitteln nahe zu bringen. Es müssen ja nicht Weisheit und Tugend sein, wenn er Bauern, die dem Himmelssohn noch nicht einmal als einfache Soldaten mit Holzbrustharnischen und Fellkleidern und danach als Wehrsoldaten dienen wollen, unter seinen Schirm stellt und ihnen fast ihre gesamten Ernteerträge nimmt. Dabei leitet sich dieses Recht nur davon ab, dass eine Jungrau Samen verschluckt hat und dann diesen in den Fußspuren von göttlichen Wesen Wandelnden geboren hat. Kein Wunder, dass einige der armen Frösche gern hoffnungsfroh das Weite suchen würden, um nicht geschmort zu werden. Dann könnten sie einfache Gäste unter dem Himmel werden, wo sogar Dünne fett sein können. Von da an könnten sie auch das Glück erhaschen und sich hocharbeiten. Da aber so viele Amtsträger, Möchtegern-Gefolgsleute und Kleinadelige schon auf den Leitersprossen vor ihnen stehen und die grausamen Provinzbeamten in die Hauptstadt wollen, könnte allerdings das Ende der Flüchtigen bald absehbar sein. Meist schon vor, selten nach einer kurzen Laufbahn würden sie offiziell zu Straftätern erklärt und die Schar der Sklaven zum Bau größerer Mauern vergrößern. An der großen ist ja schon einmal jemand geopfert worden. Die meisten Bauern aber bleiben die Muskeln des Reiches. Sie bearbeiten daher sorgfältig mit neuen Geräten und ohne Murren das obere Ackerland des Herrschers, der eigentlich ja nicht herrscht, sondern nur selbstlos seine fast religiöse Pflicht tut.

Auch der Bauer Min-mang-tze erfüllt wie seine Vor- und Nachfahren seine Pflicht. So sät er auch an jenem Tag wieder den Samen, den ihm ein Adler von weit her gebracht hat. Doch plötzlich ziehen drohende Wolkenberge herauf. Ein zu starker Sturm vertreibt den normalen wichtigen Wind und fällt einen Baum. Er trifft den Bauern und wirft ihn nieder, so dass er tot zu Boden sinkt. Äste und Erde färben sich rot. Danach legt sich der Sturm, und die Sonne scheint wieder im Lande des großen ewigen Wandels I-ta.-

Der gesittete Bürger in der Mitte der Ordnung hat mit dem Für oder Wider in jenen Zeiten noch nichts zu tun. Er wird erst später in Zeiten der kleineren oder größeren Hummer eingeführt, um mit den anderen sozialen Schichten wie ein Huhn anständig in himmelsgroßen Stein-Käfigen zu leben und sich dabei nur mit Hilfe technischer Geräte zu verständigen.

2. Geschichte: In einer Herberge

Es kommt ein Reiter des Weges. Nicht nur er, sondern auch sein mongolisches Pferd ist müde; ein Drachenpferd kann er sich nicht leisten. Ihr Weg führt durch den Wald und entlang einem Fluss in die große Stadt Ch'eng. Um die Stadt ist eine hohe Mauer gebaut, riesige Wallmeister passen auf. Sie sollen – über Hinterlist und Ritterlichkeit als Kampfmittel hinaus - alle Feinde abhalten. Der Mann reitet langsam durch das Tor und steigt vor einer einfachen Herberge in der Nähe einer Furt ab. Es regnet. Der Mann will keine langen Nudeln fürs lange Leben, sondern isst nur eine Suppe aus grünen Schildkröten und 2 halbvolle Schalen Reis und trinkt dazu Chrysanthemen-Tee für die gesunde Lebensführung. Schweine- oder Hühnerfleisch kann sich der Wirt nicht leisten anzubieten.

Plötzlich greifen irgendwelche Feinde an, um Ordnung zu stiften. Warum, weiß keiner. Braucht man dafür einen Grund? Der Mann Ying-hao schläft jedenfalls ruhig auf seiner Matte weiter, obwohl er seinen Ausweis nicht vorgezeigt hat. Ohnehin hat er sicherheitshalber genügend Schöpfgeräte am Brunnen verteilt, damit Menschlichkeit, Rechtlichkeit und Nachgiebigkeit einkehren können. Wer hat sie ihm bloß gegeben, wer weiß davon? Offensichtlich muss man den Leiter des kaiserlichen Sekretariats austauschen, da er die seit dem Buchdruck verbotenen Meinungen nicht streng genug zensiert hat. Dabei sind doch die meisten Gelehrten und geistigen Arbeiter, also Außenseiter und Ungläubige, schon in Wildnis und Urwald geflohen.

Dort, wo nur der Hund seine Haufen hinterlässt, wollen sie völlig die Kontrolle über sich zu verlieren. Ameisen rütteln an Bäumen und fallen in einen heißen Topf.

3. Geschichte: Im Garten

Der dreibeinige Hahn ist in einer roten Scheibe untergegangen. Es ist fast noch Nacht. In einer weißen Scheibe unter einem Chassisbaum stampft sonst ein weißer Hase im Mörser die Unsterblichkeit klein. Jetzt verdecken Wolken den Mond. Keine Sterne, auch nicht die drei goldenen Scheiben, sind zu sehen. Um Fasan und Phönix, Pracht und militärische Macht geht es hier nicht. Ein paar normale Sperlinge zwitschern aber schon, runden den neuen Tag, der hier schon Mitternacht beginnt, mit ihren Melodien ab. Und dabei bleiben sie sogar schlank.

Im Garten gehen zwei Gestalten eng ineinander geschlungen spazieren. Freuen sie sich an Fischen und Wasser, könnte man es das Lustwandeln von guten Schwalben nennen. Sie halten inne, bleiben stehen. Der nahe Fluss rauscht. Die Gestalten legen sich so ins hohe Gras, dass auch ein neugieriger Alter nichts mehr von ihnen sieht. Er hört von Ferne nur hin und wieder Flüstern und nicht zu deutende Laute. Wer will schon wissen, ob diese Konzentration vitaler Energie gegen die öffentliche Sittenordnung in den Verwaltungstexten verstößt! Keiner der beiden hat doch Lotusblumen abgerissen.

Gefühle wie Liebe und Hass oder sogar Gelüste des ihnen überstellten Volkes muss man daher nicht vorschnell in Fallgruben locken. Warum Straf- und Bußaktionen auf Verdacht, wenn die Vernunft aus den himmlischen Lichthallen mühelos zum Ziel kommt!

4. Geschichte: Die Teesträucher

Im Hintergrund erheben sich dichte Gruppen von Teesträuchern. Im Vordergrund sitzt ein alter Mann auf einem grauen Stein. Er hat tausend Runzeln im Gesicht, in dem helle wissende Augen leuchten. Prall scheint die Sonne auf ihn. Dagegen hat er einen schützenden spitzen Hut auf, den er aus Bambus geflochten hat. Der Mann sitzt hier schon lange Zeit in der Glut und verbraucht wenig. Er ist zu alt zum Arbeiten. Er denkt viel nach. Er darf das jetzt. Langsam geht der rote Sonnenball unter. Die Teesträucher gewinnen undeutliche Konturen. Der Alte wird hier noch so lange sitzen, bis ihn die Abendkühle übers Land der Hanjen geweht und vertrieben hat. Weil er einfach nur in sich ruht, braucht er seine Erkenntnisse oder Wägung seiner Argumente keinem mitzuteilen. Morgen wird er wieder hier sitzen, ohne zu ermüden. Er wird auf einem Stein ohne Lehne hocken, ob einer seine Botschaft höflich von ihm erbittet oder nicht. Das lange Leben von der Augenbraue bis zum Bart ist ihm so sicher, wie Kraniche übers Land fliegen, Bambus, Kiefer- und Pflaumenbäume wachsen und Hirsche springen.

Oder soll er in seinem Alter doch noch etwas wagen? Er ist zwar kein Feinzeichner der lebhaften Farben, aber er kann frei mit Tusche aus Fichtenholz zeichnen. Ja, er würde gern lernen zu malen, gleichzeitig zu dichten, schön zu schreiben und seinen Siegel mit dem Mandarinenentenpaar auf sein Werk setzen. Was könnte er leere Räume lassen für Nebel und Unsichtbares! Doch bleibt die Angst, möglicherweise mit den Tönen einzelner Zeichen den gesetzten

Rhythmus zu verletzen und dafür die berühmten acht Krankheiten zu erleiden. Oder doch lieber ein Steinglockenspiel erlernen?

5. Geschichte: Freundschaft

Manchmal befällt den ein oder anderen große Langeweile bei der Feldarbeit, manchmal ermüdet sie nur. Ihre fast alten Rücken vertragen das Bücken nicht mehr. Immer sind sich die Freunde dann einig, alles stehen und liegen zu lassen, um wieder einmal gemeinsam Tee in der Hütte zu trinken. Was sollte sie erschüttern und belasten, die seit früher Kindheit Ziegelsteine als Kopfkissen benutzt haben! Noch nicht einmal die Besteuerung des Tees kann den Genuss des vorschriftsmäßig zubereiteten Tranks der Unsterblichkeit trüben. Jemand, der die Teelehre beherrscht, bereitet den guten, selbst angebauten und gepflückten Drachentee zu. Sie können und müssen ihn noch nicht an Großhändler verkaufen. Die gibt es wohl zu ihrer Zeit nämlich noch nicht, so dass jene noch nicht zum Schaden der Bauer mit den Staatsbeamten zusammenarbeiten. Das ist aber unklar, weil über die Klasse der Kaufleute kaum Literatur berichtet. Wer hat Schuhe, Körbe oder Gewürzgurken verkauft? Abgesehen vom kontrollierten Verkauf von Drogen, Kuchen und Süßigkeiten in Läden haben dieses Geschäft wohl Vasallen, Gesandte und kaiserliche Agenten betrieben.

Während Lu-yü Tzu das Wasser des Friedens und der Stille zubereitet, sitzen seine Freunde mit verschränkten Beinen da und warten. Alles ist still. Endlich ist der edle Tee fertig. Jeder nimmt sich das vorgeschriebene Maß und trinkt ihn unter ständigem Rühren, wenn er auch heimlich an den seltenen und daher fast nicht vorhandenen weißen Tee, den Hui-tsung mit seinem Weißpunkt, denkt. Ohne

Streit reden sie bis zum frühen Morgen für das richtige Lebensgefühl. Die Teetasse ist das Zeitmaß. Bis die Sonne aufgeht, ist jeder zufrieden. Dann gehen alle im Dorf Chen-k'ang ihres Weges. Jeder denkt sich seinen Teil, wie z.B., dass man ohne Licht die Farbe eines gemeinen Feldsteins nicht erkennen kann, obwohl er wirklich und wahrhaftig dort liegt.

6. Geschichte: Der gelbe Drachenfluss

Die blaue Dschunke, sie könnte auch rot sein, fährt auf dem Fluss stromabwärts. Die rote Dschunke, sie könnte auch blau sein, fährt auf dem Huang-ho stromaufwärts. Die Schiffsführer legen ihre falsch gestimmten Musikinstrumente beiseite und grüßen einander noch kurz, bevor sich ihre Schiffe auffälliger Weise in der Mitte begegnen. Dann prallen sie wie von selbst zusammen. Menschen und Holz treiben überall im reißenden Wasser umher. Die Schiffsführer einigen sich, als sie sich wieder gefunden und ehrfurchtsvoll gegrüßt haben. Edle sind eben auch ohne die Doktorwürde von Palastgelehrten klug. Das offenbart ihr Äußeres auf dem rechten Weg, sieht man genauer hin und ist nicht blind. Ihre Mitte verlassen würde bedeuten, ihren Weg verlassen. Allerdings ist der Weg, der manchmal ein leuchtender Abgrund ist, nicht das Ziel. Wie sollte man das denn auch in wenyan schreiben!

7. Geschichte: Tradition

Die Frösche quaken ihr Lied, die Bambussträucher wehen leise im Wind, sind gekrümmt wie Gelächter. Er steht hinter den Sträuchern und schaut verstohlen auf den Teich. Dort badet ein junges Mädchen. Sie ist so schön, dass der Fisch seine Hässlichkeit auf dem Grund versteckt und die Wildgans vor Scham herunterfällt. Fühlt es sich beobachtet? Ist er ihm gleichgültig? Der junge Mann ist sehr aufgeregt. Er will etwas. Aber er ist ein höflicher junger Mann. Er hat in der privaten Schule des K'ung-pi Tzu, die für alle da ist und nicht nur für die oberflächlich gelehrten oberen Bambustafelträger, die traditionelle Sittenlehre fürs Leben gelernt. Er wendet sich um und geht zügig von dannen, um sich überall mit kaltem Wasser abzukühlen. Das nackte Mädchen schaut ihm lange fast sehnsüchtig nach. Folgen darf es ihm nicht. Das wäre auch unsittlich. Nur Kaiserinnen oder in den Künsten gebildete Kurtisanen dürfen aktiv sein, zumindest, wenn es um geregeltes Hauen und Stechen am Hof geht. Der junge Mann hat nach Tausenden Tan kaltem Wasser erst einmal zur Ruhe gefunden. Nur mit Hilfe dieser Beherrschungshilfe kann er die Sitten der Ahnen und ihrer Vertreter achten, die wohl die Natur übersehen haben. Morgen wird er zu einem anderen Teich gehen und wieder wagen, allein im kühlenden Nass zu baden.

Den ganzen Sommer versucht er, diesen mystischen Knoten unendlichen Leidens zu lösen. Vergeblich. Die Teiche und Seen der Umgebung scheinen nur mit nackten hübschen und verlangenden Frauen gefüllt zu sein. Der große

Wandel der dritten Art kommt daher erst über ihn, als er in einem Wald einen großen Denker trifft, den sein Herr wegen angeblich zu wenig ausgeprägter Verderbtheit vom Hofe vertrieben hat. Es ist Ti-lao-tze. Da der junge Mann bedrückt vor sich hin schreitet und da und an Bäume anstößt, spricht der Denker ihn an. Sie führen lange Gespräche über Mann und Frau, die tief auf den Boden der Tatsachen stoßen. Zuletzt überreicht ihm Ti-lao-tze eine verbotene Schrift, die sogar die Vor- und Nachteile der Ziel-Wege-Techniken behandelt.

Zuerst hält der junge Mann die Tafeln noch geschlossen. Dann hält er es nicht mehr aus. Mit rot anschwellendem Kopf saugt der Vogel die Inhalte auf, bis die Münzen zu fallen beginnen. Er wird sich immer sicherer, dass er bald eine richtige Frau finden muss. Nur noch die Alten muss er überzeugen, die auf Herkunft und Stand und nicht auf Aussehen und Bedürfnis Wert legen.

8. Geschichte: Zeremonie

Aus allen Richtungen kommen sie in die Stadt Fah-K'i. So lautet der Bericht des alten Stadtschreibers des Königs Chu-fei. Weiter ist in diesem Bericht folgendes vermerkt: „Lass sie hereinkommen!" befiehlt der König. „Wir wollen sehen, was sie vermögen." Die Leute werden vom Hofnarr und Spieler einer Barbarenflöte hereingeführt und gastfreundlich mit Tee, gekochten Eiern mit Zucker und Gebäck bewirtet. Unter den Leuten ist ein alter Pferdeverkäufer mit seiner Tochter. „Wie viele Lochmünzen willst Du haben?" fragt der König. „Ich will 10 Bronzemünzen, 5 kleine Kupfermünzen und 2 Silbermünzen, weiser Herrscher unter der Sonne." „Mehr ist Dir die Ware nicht wert! Du scheinst alt zu werden. Treibe Philosophie, sie steht Dir. So viele Münzen ist nur ein stinkender Fisch wert, aber kein duftendes Veilchen. Nun, lassen wir es gut sein und unsere Pfeifen stopfen. Man möge sie bringen, dazu noch mehr Tee, von dem gut gepflückten in den Höhenlagen!" Der Alte ist in sich zusammengesunken. Er scheint nachzudenken. „Pferdeverkäufer und Philosoph. Welch ein Vergleich", denkt er. Jetzt blickt er auf. Eine Schar Diener bringt das Gewünschte. Hinzu kommt eine Truppe Tänzerinnen und eine Narrengruppe. Sie unterhalten den weisen König.

„Na, Alter, was hältst Du von den Lehnsfürsten? Wen soll ich hinrichten lassen? Du weinst ja, Alter! Ist Deine Ehefrau weggelaufen oder Dein bestes Pferd?"

„Meine Frau ist auf dem besten Pferd aus dem Haus geritten."

„Wie schön für Dich. Suche Dir eine neue. Nimm Dir eine von den harmonischen Tänzerinnen dort!"

„Danke, Herr. Ich werde darauf zurückkommen."

„Hast Du schon etwas von K'ung-pi Tzu, den großen Sittenrichter gehört, der außerhalb der angeordneten Bildung steht und sich kritisieren lässt?" „Ich habe ihn gesehen, bei Kuo-ch'ou. Er ist sieben Fuß, drei Zoll groß, ohne seinen Strohhut."

„Du scheinst ein kleiner Schelm zu sein. Ich wundere mich, dass Du so alt geworden bist. Du hast wohl schon zu viel kurz gezogenen Tee getrunken? Trink auch jetzt den Deinen, sonst wird er kalt. Aber nicht mehr zu viel."

„Ich liebe das Opium mehr als den grünen Tee. Es hat mich jung erhalten."

„Wollen wir zum Geschäft kommen!"

„Ja, Herr. Ich will lieber 400 Scheffel Korn für die Ware."

„Ich gebe Dir 200 und ein Kästchen mit dem besten grünen Tee, damit Du ihn überlegt trinken lernst. Opium schadet den Zähnen und dem Kopf. Ich hatte einen Teezubereiter, der verlor seinen."

„Ich danke Dir für Deine unermessliche Güte, oh heiliger König. Ich bin einverstanden. Du kannst meine Tochter haben."

„Deine Tochter? Bist Du von Sinnen, Alter! Ich will dein bestes Pferd. Suche es und schaffe es heran. Deine Tochter, diese Frau, kannst Du behalten, ich habe genug davon!"

Dann machte der Alter sich davon. Man weiß nicht, ob er sein Pferd gefunden hat. Man hofft es für ihn.-

Das hat der Stadtschreiber berichtet, der übrigens jener Pferdehändler gewesen ist. Er ist nämlich kein Philosoph geworden. -

Dann vergessen die Zuhörer aus dem Lande Wu die Geschichte und trinken ihren grünen Tee, den ihre Seele liebt, bis zum Erbrechen weiter.

9. Geschichte: Ein reinlicher Kaiser

Ein barhäuptiger Mann mit einem braunen Vollbart kommt zum Kaiserpalast, in dem es noch keinen Pavillon für selbsttätigen Regem gibt. Er wird von einer Schar Anhänger begleitet. Sie bleiben im Hof stehen und warten auf ihre Mahlzeit mit vielen Gängen von gerader Zahl. Der Bärtige tritt in den Palast, einen Baukomplex mit viel Raum zwischen 4 Säulen. Die Wache meldet ihn dem ehrwürdigen Kaiser. Der Alte tritt an den Thron heran, kniet nieder und grüßt den obersten Herrscher in der Provinz Hu-lao. Dabei sind ihm die Lumpen aus Hanf nicht hinderlich, aus denen man Papier machen könnte.

„Was führt Dich zu mir? Was bedrückt Dich?"

„Ich bin tausend Meilen zu Fuß gekommen, um Dich zu sehen."

„Jetzt hast Du mich gesehen und kannst zufrieden abziehen."

„Aber, ich will Dir etwas Wichtiges mitteilen."

„Teile mit, aber schnell. Ich will ein Bad nehmen!"

„Ich bringe Dir Nutzen, das ist viel."

„Das ist wenig. Denn ich habe schon zu viel Nutzen. Ich kann Dir noch etwas abgeben, das kannst Du anderen schenken."

„Du verstehst mich nicht, Herr."

„Wohl, Du kannst gehen. Vielleicht findest Du einen Verständigeren. Ich muss mich waschen. Ich bin ein reinlicher Kaiser. Das erwarten meine Untertanen von mir. Du hast es auch nötig. Deine Kleidung beherbergt sicherlich Läuse. Vielleicht sind es sogar die mit der roten Farbe für Seide."

16

„Ich bin Philosoph und habe keine Untertanen. Ich esse zwar gern und Arbeiten ungern, langweile mich aber nicht. Außerdem kann man meine Lumpen kaum Kleidung nennen, weswegen ich aber nicht nach offizieller Fürsorge trachte."

„Du stinkst aber, wenn Du auch zu denken vermagst. Und nun kannst Du gehen. Schöpfe mit Deinen Gleichgesinnten Essen, aber nur zwei kalte und zwei warme Gänge. Oder isst ein Philosoph nicht? Ich meine, ein toter Philosoph ist keiner."

„Ich danke für Deine Güte, Du unverständiger Kaiser."

„Gegrüßt seien die Deinen, Herr törichter Philosoph. Mögest Du noch nützlich werden. Mein Badewasser wird kalt." -

Der alte Lü-hui hinkt aus dem Saal und isst mit den Seinen; denn auch ein vielleicht nutzloser Philosoph muss leben. Dann macht er sich aus dem Staube dem nächsten Palast entgegen. Der Kaiser hat ihnen Stoffschuhe geschenkt, weil sich ihre Strohsandalen aufgelöst haben. Sie ziehen am Fluss entlang, auf dem Schiffe treiben. So geht es lange Zeit. Dann stirbt der arme Alte, ohne dass jemand seinen Nutzen hätte haben wollen. Seine Anhänger werden zum Trost der Nachwelt sein Werk fortsetzen, so lange Schiffe auf dem Huang-ho und Yang-tse fahren und Paläste von Herrschern stehen.

17

10. Geschichte: Die Brücke

Ein alter Bauer geht langsam seines Weges. Er nähert sich vorsichtig und weise, wie er schon ist, einer Brücke. Der fehlen anständige Glücksbringer wie z.B. eine Schildkröte. Ohne zu zögern, weicht er der Brücke aus und durchschwimmt lieber den erfrischenden, ruhig dahin ziehenden Bach. Er erreicht sicher das andere Ufer. Die Brücke, die noch nicht einmal zerbrechlich wirkt, bricht in gleichem Atemzug zusammen. Fu-hui zuckt noch nicht einmal mit den Wimpern, die die Augen nicht sehen können, und schaut auch nicht überrascht oder erschrocken zurück. Er hat schon lange seinen Weg zum Glück ohne Wohlstand gefunden. Der führt so sicher geradeaus, wie Schmetterlinge auf Pfirsichbäumen sitzen oder nachts Fledermäuse aus ihren Höhlen fliegen. Die Silhouette des ahnungsschweren und hellsichtigen Bauern verschwindet hinter Teesträuchern. Einmal Schließen, einmal Öffnen ist weniger als beständiges Gehen und Kommen. Offensichtlich können Menschen ohne höhere Erkenntnisse noch nicht einmal Brücken sicher begehen.

11. Geschichte: Die Höhle

Sie sitzen lärmend um einen Tisch und trinken Wein aus Honig und Früchten oder Hirse. Wein aus der Rebe „Großer Frühling" kennen sie nicht, daher auch nicht den bösen Hund in der Weinschenke. Für Reiswein sind sie zu arm. Manchmal rauchen sie dazu die Pflanze mit den zwei Röhren für die zwei Geschlechter. Dann blühen die Geschichten vom Berg T'ai-shan in ihrer Runde. Dort soll die Höhle der langhaarigen Künstler liegen. Sie genießen dort die erfrischende Bergluft, hauen unsterbliche Literatur in den hinterletzten Stein und musizieren mit reinigenden Lauten, Flöten und Trommeln. Böse Geister müssen sie nicht mit Tänzen verscheuchen, da sie selbst böse sind. Da sie die Namen von Waldkobolden, das Lo-Diagramm kennen und Zauberformeln erfinden können, sagen sie als Großastrologen den Herrschern ihrer rechteckigen Welten eine unglaubliche Zukunft voraus. Nur gegen milde Gaben erschaffen sie z.B. neue Formelwerke zur vollendeten Erstarrung am Hofe. Symbolisch richten sich diese Verwaltungstexte an Krokodile.

Der große König Tseh-pi hat diese gebildeten Wilden in einem Anfall von Milde nur dorthin verbannt, so dass sie ihren Kopf noch frei herumtragen dürfen. Sie sollen ihm nämlich auf der Jagd ein wertvolles Pferd des Himmels und eine Harfe aus Paulownia, dem Blauglockenbaum, gestohlen haben. Das erzählt sich das unwissend gehaltene Volk in Märchen: Sie seien Rohlinge und hätten keine Sitten, sie achteten weder Götter noch Könige. Außerdem würden sie die Töchter der Bauern vernaschen oder sogar

19

den Wolf küssen. Jene hätten an ersterem auch noch wegen der langweiligen Hausarbeit Spaß.

So erfreuen sich auch die 8 in Hanf gekleideten Gestalten am halbhohen Hartholztisch an dieser hübschen Geschichte, bis die Sonne „jih" zu welcher nervtötenden Arbeit auch immer ruft. Morgen werden sie darüber reden, ob man diesem Lockruf immer folgen sollte. Was soll man sich denn von Ehre als Verdienst oder dem, nur billig mitgemacht zu haben, kaufen! Es reicht noch nicht einmal zur Suppe der Weisheit.

12.Geschichte: Aprikosen

Ein Aprikosenverkäufer hat eine Tochter, die sehr schön ist und mit einem ‚Wasserkopf' zur Welt gekommen ist. Leider stirbt sie vor ihrer möglichen Heilung schon im zarten Alter von nur vier Jahren. Sie hat nämlich, unbeachtet von der Mutter, ihren Kopf zwischen zwei Gitterstäbe geschoben, ist stecken geblieben und elend erstickt. Außerdem hat der Aprikosenverkäufer einen Sohn, der von Geburt an stark hinkt. Daher kann er nicht schnell genug dem Pferdewagen des ehrfürchtigen Großmarschalls ausweichen, wird gnadenlos überfahren und stirbt schnell an den Folgen. Die Frau des Aprikosenverkäufers ist schon lange blind. Daher verwechselt sie den Käfig eines Tigers im Zoo des Königs Wang-yüan mit der Teestube, in der sie ein paar Literaturtanten treffen will, und wird gefressen. So ist der Aprikosenverkäufer plötzlich allein und versucht, seiner Einsamkeit Herr zu werden. Er lebt noch lange, weil er für die verstorbenen Familienangehörigen keine Kopfsteuern mehr zahlen muss. Aber er kann nicht verhindern, dass er selbst irgendwann an einem Aprikosenkern erstickt.

13. Geschichte: Die Schule des Lebens

Der Melonenhändler Huang Niu, der seltsamer Weise damals schon eine Lizenz zum Verkaufen hat, unterhält sich mit dem großen Meister K'ung-pi Tzu. Der hat gerade eine neue private Schule für den Erwerb einer klaren Anschauung eröffnet und will seine wirren Gedankenmischungen an die junge zahlungskräftige Generation weitergeben, ob sie will oder nicht.

„Was lehrst Du in Deiner Schule, oh Meister, Weidenbaum Edelmann."

„Das Leben an sich, für sich, ohne sich, über sich und überhaupt wie, Weidenbaum Stoffel."

„Mehr nicht! Das ist ja so viel wie ein Haar von 9 Ochsen. Dann verkaufe ich lieber Melonen!"

Und so endet die Unterhaltung zwischen Herrn Thor und Herrn Klug, der sein Herz wohl weglegen muss wie eine löchrige Matte: es sei denn, es würde eine neue Erkenntnis über ihn kommen. Und so geschieht es, dass der Herr der Sprichwörter einen fast umstürzlerischen Entwurf für die Umwandlung der Erb- in die Wahlmonarchie anfertigt. Dann geht alles so schnell, dass die Geschichtsschreiber - obwohl sie in der kaiserliche Bibliothek am stärksten vertreten sind - fast nichts in der Hand haben. Sie können nur berichten, dass der Meister der geschwätzigen Landfahrerei kurz vor seiner Hinrichtung noch eine wunderschön saftige Melone verspeist hat. Die soll ihm ein bekannter Melonenverkäufer mit einem Anerkennungsschreiben geschickt haben.

14. Geschichte: Lektion

Wegen der verbreiteten, von Dynastie zu Dynastie schwankenden legendären Geschichtsfälschungen weiß man natürlich nicht viel über die von oben eingeführte und in irgendwelchen Anstalten abprüfbaren kulturellen Errungenschaften wahrer Bildung. Diese kann ja wie ein trunkenes Hähnchen zu Herzen gehen oder auch einmal wegen Unverdaulichkeit zu Herzstillstand führen. Glücksritter und Emporkömmlinge können in diesem gesellschaftlichen Gebäude sogar als bloße Gäste aufsteigen, wenn sie genügend Bestechungsgelder zahlen. Manchmal haben es auch Menschen einfacher, die erfolgreich die Anzahl der Samen in Orangen erwettet haben.

Gerade die Bildung für Kinder und Jugendliche, wenn sie sein muss, muss aber sorgfältig und kundig zubereitet werden wie eine Suppe der Weisheit. Es ist nicht überliefert, warum K'ung-pi Tzu dieses menschlich wertvolle Gut vom Himmel auf die Erde heruntergeholt hat. Die Meinungen dazu sind durchaus gespalten. Die einen meinen, er sei ein überragender Geistarbeiter gewesen sei, der jedem auch noch so dummen Gedanken nachgehangen hätte. Die anderen halten ihn einfach für einen formalistischen Spinner und gehen weiter ihrer geregelten Arbeit nach.

Vor diesem Hintergrund soll die folgende Begebenheit nur zur Meinungsbildung beitragen, auch wenn sie oben nicht gern gesehen wird.

K'ung-pi Tzu besucht nämlich gern und oft seinen Muster-Schüler Ya-tse, um die Früchte seiner Belehrungen einsammeln zu können oder Ansatzpunkte für Verbesserungen nach dem üblichen Meckern zu finden.

„Hast Du heute schon etwas gelernt?" fragt Kung also.

„Ja, Meister. Nach dem Lesen eines Buches der Langnasen weiß ich jetzt, wo man am schnellsten die besten Pilze im Moos des Waldes findet."

„Aber, das ist ja unsittlich!"

„Natürlich, das ist das Schönste daran, mein Meister! Ich folge meinem Tao. Dann kommen auch meine Hunde und Hühner in den Himmel"

Obwohl K'ung-pi Tzu sogar von altklugen Kindern lernen will, geht er doch traurig gesenkten Kopfes von dannen. Keiner weiß, wie die nächste Lektion ausfallen wird. Aber, wahrscheinlich geht es wieder nicht um Wissen für Arbeit und Leben im Hier und Jetzt, sondern um moralische Grundsätze im Dort und Später.

15. Geschichte: Die Boote

Jedes Jahr in einem Monat an einem bestimmten Tag vor der kleinen Hitze finden auf dem Huang-ho die Rennen der Boote mit den schwarzen fünfklauigen Drachen statt. Je nach dem, wie groß ein Dorf ist, kann daher eine Mannschaft von 20 Paddlern und einem Steuermann schon bedeuten, dass keiner mehr auf den Feldern arbeitet.

Dieses Jahr fallen am 5. Tag des 5. Monats, am Drachenbootfest, die Rennen aus, damit auch alle Gastgeschenke für die beteiligen Dörfer wie z.B. Mandarinen oder Opferäxte ohne Edelsteine sowie Festfeierlichkeiten mit ihren unzähligen Essensgängen. Die Drachenboote sind wohl gestohlen worden, denn an ihrem Platz stehen jetzt wertlose Dschunken. Das wird schon seinen Grund haben, wie im zentralen Amt zur Verhinderung öffentlicher Zusammenarbeit hinter vorgehaltener Hand getuschelt wird. Offensichtlich liegt hier ein Einzelfall vor, in dem die Entwicklung von guter Zusammenarbeit und Gemeinschaftsgefühl zu sehr ins Auge sticht.

Offensichtlich entgeht aber den hohen Beamten, dass auch Arbeitssklaven für das Miteinander gut ausgebildet sein müssen. Es reicht also nicht aus, wenn ein edel gekleideter Anführer mit goldener Haarnadel im Haar und irgendeinem wichtigen Knopf am Band, die Peitsche schwingt und Sklaven Arbeit anordnet.

Erst tausend Jahre später wird dieses sportliche Training wieder aufgegriffen, um die Zusammenarbeit vieler Armer zum Wohle weniger Reicher zu verbessern. Sie werden dann aber zumindest vom offiziellen Recht her nicht mehr

Kulis genannt werden, weil sie etwas anderes machen könnten, wenn sie es dürften.

Diese beliebten Deutungsversuche vergessen allerdings völlig, dass es manchmal nicht nur um körperliche Ertüchtigung in Gruppen geht, sondern darum, mit dem dabei veranstalteten Lärm einen wahnsinnigen Dichter aus den Fängen von Fischen zu retten. Oder hat man nur vergessen, Herrn Ho, dem Gott des gelben Flusses, ein Mädchen auf einem Floß als Brautbett zu opfern?

16. Geschichte: Einsicht

Eben ist es zu spät gewesen. Jetzt ist es sicher zu spät und morgen wird es sowieso zu spät sein. Darin sind sich der Gärtner Pen-han und der Schreiber Hüeh-k'ieh einig, die wohl irrtümlich einen Namen tragen dürfen oder ihn wegen besonderer Loyalität ausnahmsweise verliehen erhalten haben. Sie lassen also alles sein und ‚besprechen‘, begleitet vom Trinken wichtiger edler Teesorten, mögliche Speisekarten herauf und herunter. Jeder der beiden hat nach Leibesumfang unterschiedliche Vorlieben für fett oder weniger fett Gebratenes. Auch bedenken sie im Zuge der jahreszeitlich bedingten Harmonielehre, was man zu Hundefleisch essen sollte. Wie man gesittet isst, ist den beiden auch klar. Selbst, wenn der Hahnenmann zum Neujahrstag Ware liefern würde, würden sie also kein Fleisch essen.

Wie man miteinander verkehrt, d.h. nicht auf der Straße, sondern im Bett, entzieht sich weitgehend ihrer Kenntnis, wenn sie auch Kinder haben. Gut, dass ihre Frauen außen nicht darüber sprechen dürfen, wie es innen aussieht. Ihre beiden Alten erkennen ja noch nicht einmal die hellen und klaren Augen von Frauen.

Als die beiden in ihren Gesprächen auf die selbsternannte politische Ordnung stoßen, drehen sie sich vorsichtig nach allen Seiten um. Bei dieser Gelegenheit vermissen sie zwangsläufig die Freiheit als ein wesentlich aus sich selbst heraus entstehendes Kulturgut. Wegen fehlender Nachfrage oder Angst vor Tigern ist sie entweder unsichtbar oder ins Ausland geflohen.

Die beiden sind deshalb froh, dass sie sich nicht grund- und regungslos wie arme Irre 7 Tage und 7 Nächte in einer Audienzhalle aufhalten müssen. Welche Botschaft außer ,werdet nicht vom Waffenmeister der kaiserlichen Garde zum Rebellen' sollten sie schon wem in diesen dunklen Zeiten übermitteln!

17. Geschichte: Richtung

Ein Pferd stolpert, ein Reiter fällt. Die Menge klatscht Beifall. Mao-tze hat verloren, muss gehen und nennt sich jetzt Pa-oh. Ja, ohne den richtigen Namen verlieren die Wörter ihre Bedeutung.

Pa-oh sucht schnell das Weite und schlägt sich in das durch, was einmal lebendige Natur gewesen ist. Wie diese auszusehen hat, haben ihn die Ahnen gelehrt. In seinem Wahn stellt er sich dagegen jetzt vor, dass seine Naturwälder mit dem nicht verwertbaren stinkenden Unrat aus den neuen Städten zugeschüttet oder ,bevölkert' werden. Offensichtlich hat Pa-oh in seiner Niederlage die Vision des seltsamen Fortschritts nach Einführung des braunen Blätterkriegs ereilt, den er selbst nicht versteht und der daher vielleicht eintreten könnte.

Er schnappt nach ,guter' Luft, als ob es sich bei dem Müll um schlecht riechende Leichen aus randständigen Kriegsgebieten handeln würde, und denkt bei sich: „Ich sollte meine Flucht ins Ungewisse mit einer erholsamen Pause unterbrechen und etwas trinken." Außerdem hat Pa-oh seinen Südweiser vergessen und daher die Richtung verloren.

Er hängt also seine unzähligen, an brüchigen Bändern aufgereihten Geldstücke an seinen Lieblingsbaum vor eine leer stehende Bambushütte und zieht sich bitterlich weinend dorthin zurück. Für wen weint er eigentlich? Für sich, für andere? Er sinkt in sich zusammen und verharrt lange in diesem Zustand, bis er über Bescheidenheit und Demut zu meditieren beginnt. Über Stunden hinweg nimmt er

seine Umgebung nicht mehr wahr. Als er sich wieder auf-
richtet, bemerkt er erstaunt eine kaum mehr zu zählende
Zahl neuer Bänder mit aufgereihten Lochmünzen. Warum
so schnell und leise? Haben Angehörige des Volks der
Einarmigen aus dem fernen Westen ihr dreckiges Geld, das
Krankheiten übertragen soll, hier abgeladen? Oder hat es
noch einen höheren Grund? Hätten sie z.B. Messergeld
anders behandelt? Papiergeld hätte man wenigstens als
Opfergabe verbrennen können.

18. Geschichte: Der Metzger

Viele sind schön, viele sind dumm, viele sind schön dumm. Bei manchen höheren und niedrigeren Berufen fehlt die Beschreibung, was sie sollen und was diejenigen, die sie ausüben, können dürfen. Gewollte Irrtümer sind an der Tagesordnung. So kann jedes stumpfsinnige Hühnchen von Geburt an Herr über die unteren Volkschichten werden, wenn das ein Beruf sein sollte und er sich von kriecherischen Verwaltungsfachleuten unterstützen lässt, die auch nicht arbeiten. Diese können zwar keine Schweinefleisch essen, haben es aber schon einmal vorbeifliegen sehen.

Weniger bekannt und beliebt ist die umgekehrte Reihenfolge. Meisterhafte Gelehrte oder blinde Scharlatane werden nicht einmal versehentlich Metzger. Ein Kaiser wird wohl nie Sklave, auch wenn er in diese Berufsgruppe hineingehört. Warum sollte ein Arzt zu einem armen Pachtbauern werden? Ein Rosenholzmöbeltischler würde auch nicht in den Wald zum Spinnen flüchten. Welcher Verwaltungsbeamte will schon im Bergbau arbeiten oder auf stürmischer See Handel treiben? Ehre gebührt, wer Ehre hat. Sollten daher nicht diejenigen, die dem Zentralstaat offiziell dienen, für die öffentliche ‚Notdurft' direkt verantwortlich sein?

Darüber machen sich die Weisen in Kiang-si unendliche Gedanken aus den drei zusammen gewürfelten Lehren, geben den Dingen ihren Ort und bringen die Erkenntnis so zum Ziel. Unter ihnen ist seltsamer Weise eine Frau namens Fu-Kin, die früher wohl wie ein Pirol herumgezogen ist. Diejenigen, deren Hennen zu Hause den Morgen ankündigen, wollen das unbedingt dem Ritenministerium melden. Wieder einmal tasten Blinde einen Elefanten ab.

19. Geschichte: Naturfreund

Hand in Hand schlendern sie über die Wiese mit dem langen Gras, das nur für kurze Reisen wärmt. Nach einiger Zeit ist es dann wieder so weit. Danach verlassen sie wieder die Wiese. Der Philosoph Ts'ih ist Junggeselle. Er verweilt als alter Naturfreund oft auf Wiesen mit langen Gräsern. Mit welchem schriftlichen Ergebnis, ist den Geschichtsforschern nicht bekannt. Sie suchen noch nach eindeutigen Zeichen, um das manchmal eigenwillig gegen den Strom schwimmende Leben des altklugen Philosophen zwischen den beiden Hauptschulen einordnen zu können. Seine Zeitgenossen glauben nur zu wissen, dass er nicht einhalten will, weil er dann zurückfallen würde.

Fest steht, dass dies gesünder sein kann, als verbotene Bezirke zu betreten oder zugewiesene eigenmächtig zu verlassen. Es ist auch wesentlich gesünder, als dass die aus ihrer geistigen Mitte Verdammten mit denen oben ein Dutzend Verträge zu geringfügiger Schwerstarbeit schließen und die Frösche daher den Störchen gegen einen Hungerlohn oder ein Erbsengericht dienen zu müssen. Und dann noch mit der Begründung, die vier Pfosten des Himmels seien aus einer riesigen Meeresschildkröte gezimmert worden.

20. Geschichte: Muße

Der wilde Pflaumenbaum weht heftig im Wind. Die Bambushütte wackelt gefährlich. Bettgestelle können nicht knacken, weil sie damals noch auf Bambusmatten schlafen. Das Feuer prasselt schon in der mit Körnern gefüllten Schale, um sich zu berauschen. Sicherheitshalber haben sie Glückszeichen wie den Rhinozerosbecher ausgerollt. So sitzen sie mit den Händen verbunden im Kreis und denken an nichts. Nur die Angst vor arbeitslosen Geistern in Fuchsgestalt, die die Ahnen geschickt haben könnten, greift kalt um sich. Der Älteste hat schon nach dem Geistheiler geschickt, der klassenübergreifend für Aberglauben zuständig ist und hoffentlich den Weg kennt. Wird der Winter im Lande Kao-hao das zulassen? Es bleibt also viel Zeit für wärmende Wintertees, das Üben von Anstandsregeln bis zum Erbrechen und dem Klopfen von Sprüchen wie z.B. „Jemand, der seine Familie mit Fischen ernähren will, kann nicht mit einem Teenetz angeln gehen."

21. Geschichte: Ansichten

Reis, den es wohl schon seit der Steinzeit gibt, wird auf Nassfeldern im Süden angebaut. Was sollen die Bauern dort auch anderes leisten. Auf Tiere wie z.B. Schweine wollen sie nicht kommen! Der Großteil der arbeitsfähigen Reisbauern auf den Wasseräckern unten behauptet daher entweder, dass es bald regnen wird, wenn noch keine Überschwemmung in Sicht ist, oder, dass es bald aufhört zu regnen, wenn diese schon da ist. Das wundert keinen. Sind sie unsicher, befragen sie ausgewählte Ahnen, Flussgötter oder holen ihre zerflederten Weissagungsbücher aus einem verborgenen Winkel ihrer armseligen Hütten hervor. Dann können sie erst sicher sein, dass sie daneben liegen.

Der Hof-Händler Huo-Tze ist meist nicht dieser Ansicht, was auch keinen verwundert. Wer soll ihm widersprechen! Er handelt vor allem mit Weizenkorn, das aus den Trockenfeldern im Norden stammt.

Aus solchen Naturbeispielen können dann die wenigen, die sich offensichtlich der Arbeit entzogen haben und daher denken dürfen, Weisheiten ersinnen. Damit können sie ihre Mitmenschen in ihren wenigen Mußestunden, die allerdings im Vergleich zu den Barbaren im Westen tatsächlich zwei Stunden anstatt einer umfassen, erfreuen.

Außenstehende verstehen das meistens nicht, weil die wiederum weiterdenken und sich fragen, warum anbauen oder züchten. Man kann doch jagen, sammeln oder rauben. Letzteres wird dann in der nächsten Epoche (eine besteht aus 60 Zyklen) verboten sein. Das wird wiederum mit Hilfe unverständlicher Gesetzeswerke dazu führen, dass nur eine kleine Gruppe von Auserwählten unbeschadet das ernten kann, was andere gesät haben. Das wird man dann Volksherrschaft nennen.

22. Geschichte: Tee

Offensichtlich hat der Tee ziemlich lange gebraucht, um vom Dach der Welt, wo die Ch'iang wohnen, das Land der vielen Flüsse zu erreichen. Das gelingt vor allem, weil sich Händler des Tees bemächtigen. Ob Eroberungen oder Verheiratungen der Einführung vorausgegangen sind, ist nicht bekannt. Dann hat es noch lange gedauert, bis Ingwer und Mehl verschwinden und reiner Tee übrig bleibt. Irgendwann bauen auch besondere Bauern den Tee an, den der Staat mit seinen Beamten dann lizenzierte größere Händler verkaufen lässt. Jene dürfen wohl erst in grauer Zukunft bestochen werden. Jetzt ist es wohl nur privat erlaubt. Flachendeckend erreicht der Tee jedenfalls so die Menschen, die ohne ihn nicht mehr können. Sie hätten ohne ihn einen nackten Oberkörper gehabt.

Kommen die Menschen der Mitte - und sie sind ja nie allein - in ihren Arbeits-, Ruhe- und Denkpausen zusammen, ist der Tee fast immer schon so fertig, dass sie ihn sofort trinken können. Es ist hin und wieder guter Ch'a-ch'ang, der ihre Konzentration fördert. Was machen sie damit! Über die kosmische Bedeutung der Sitte nachdenken? Darüber, ob ein runder Himmel eine viereckige Erde bedecken kann? Wie man Elefanten in Booten wiegen kann? Auf jeden Fall fördert dieser Zustand eine heitere Gelassenheit, die einen davon abbringt, spontan in die Abläufe einzugreifen oder die Wirkungskraft ,te' mit ,Tee' zu verwechseln.

23. Geschichte: Der Spaziergang

Sü-tze und Luan-Tze gehen vor die Tür. Sie machen einen Spaziergang von etwa 20 Li oder 360 Faden durch das Dorf Ai-ai. Geübt, wie sie sind, schaffen sie den Spaziergang zu Fuß locker in einem Zehntel einer Tagesreise, wofür man mit einer voll geladenen Karawane manchmal eine ganze Tagesreise hinter sich bringen müsste.

Gleich zu Beginn des Spaziergangs fällt ihnen auf, dass alle Häuser dunkel sind. Die Dunkelheit ist vollkommen, denn auch Wolken hängen schwer vor Mond und Sternen. Die Leute sind wohl schon zu Bett gegangen, weil sie ihren Rhythmus nicht ändern wollen und weil der arme Mann ohne Nebenfrauen der einen Frau das Übliche befohlen hat. Sklavinnen zur Unterhaltung kann er sich nicht leisten. Dadurch lassen sich die beiden Spaziergänger nicht beirren. Sie sind ja anders, weil sie in ihrer dafür vorgesehenen Schule wieder lange Zeit das Tuschespiel zur weiteren Vervollkommnung geübt haben. Würden jemand den beiden Künstlern auf ihrem Spaziergang sagen, dass sie sich etwas vormachen, würden sie es abstreiten. Sie haben wohl vergessen, dass Anderssein auch bedeuten kann, zu viel zu wissen. Gehört man nämlich der falschen Schule an, weil man sich nicht richtig erkundigt hat, könnte das den Herrschenden, die ja nie aussterben, übel aufstoßen. Manch einer ist schon zusammen mit seinen Art- oder Gesinnungsgenossen in einer Grube geendet. Bücher als Stein des Anstoßes werden dabei entweder vorher oder nachher verbrannt, wobei nachhaltige Rituale stattfinden. Auch staatstragende ‚Banden', deren Wesenmerkmal loyales Nicht-Denken ist, sind vor Gruben nicht gefeit. Sicherheitshalber müssen sie daher die Erhöhung der Ausgaben für überflüssige Eroberungen oder ausschweifende Feste anständig begründen und tafelweise berichten können.

Das belastet die beiden Spaziergänger aber nicht, obwohl sie wohl zu viele unharmonische Speisen zu Abend gegessen haben. Nichts liegt ihnen wirklich schwer im Magen. Sie schreiten also ungerührt und ohne Fackel die Dunkelheit ab, beseelt von der höheren Einbildung, nie im Trüben fischen zu können. Das treibt sie an und führt zu einem inneren Leuchten, als ob sie einen Kupferberg als Belohnung erhalten hätten.

24. Geschichte: Bretter

Eines ist klar. Um Leben und Tod geht es nicht, weil die Ewigkeit nicht dort hinten irgendwo stattfindet, sondern ganz nahe hier vorne im Diesseits. Und hier geht es wirklich nur darum, höchstens begleitet von belesenem Auswendiglernen, die richtigen Sitten von gestern zu erlernen, um heute Zukunft zu verhindern. Ansonsten hat man vielfältig geregelte Strafen für Verstöße und Taten zu erwarten. Im Diesseits müssen gerade die einfachen Menschen überleben, um überhaupt irgendwie zu leben. Ihnen kann es dabei also nicht einfach darum gehen, Geld zu verdienen, indem sie es anderen und vielleicht sogar den richtigen abnehmen. Im Gegenteil streben sie nach einem Beruf. Stehen noch ausreichend gesunde Wälder herum, weil noch nicht zu viele abgeholzt worden sind, um den Kriegswagen Wege zu bereiten, können sogar Berufe ums Holz aufblühen.

Nicht jeder junge Mann kommt gleich darauf, aus Baumstämmen Bretter zu schneiden, die viele brauchen, um mit einem Brett vor dem Kopf herum zu laufen und überall gekonnt anzustoßen. Der Brettmacher Pan-p'ing-tze ist ein solcher Mensch. Er hat diesen niederen Beruf von seinen Vorfahren übernommen und fertigt gern Bretter. Jahrelang geht das so, nichts Außergewöhnliches passiert. Holz ist ja reichlich da. Was sollte er auch sonst tun! Jahrzehnte lang hält er mit Hilfe von himmlischen Elixieren durch, die er in Vasen aufbewahrt. Darunter ist wohl auch ein Sekret aus der Ohrspeicheldrüse einer Kröte, die das Herz stärkt. Dann erst wird er so krank, dass es nicht mehr geht. Aber das macht, sieht man von seiner abnehmenden Gemütsverfassung ab, fast nichts. Er hat ja seinen ältesten Sohn, der ihm gegenüber im Rahmen der erhabenen sechs Verwandtschaftsbeziehungen Gehorsam zu zeigen hat, rechtzeitig vorbreitet. Der älteste Sohn fertigt jetzt anstelle und für seinen Vater die Bretter an, die der Bedarf hergibt. Es ist nämlich kaum möglich, ohne Bretter in diesen Zeiten auszukommen. Vor allem nicht, wenn wieder die braunen Ameisen die weißen besiegen sollten.

25. Geschichte: Neue Zeiten

Die anerkannte Oberschicht holt sich Mädchen zur Freude heran, die vorher tanzen und singen dürfen. Warum nicht! Manche unterhalten ein Mädchenorchester und weibliche Soldaten mit Zobelfellmütze. Weniger anerkannte Schichten, wie die der Kaufleute, müssen selbst zu den Häusern der Freude gehen und auch noch zahlen.

Erst in der nächsten Epoche werden Frauen etwas zu sagen haben oder - besser - wird über eine mögliche Gleichheit von Mann und Frau geredet oder geschrieben werden und auch darüber, dass die Frauen auch wählen dürfen: was auch immer. Viel länger wird es dann noch dauern, bis der Mann nichts mehr zu sagen haben wird.

Jetzt – und das gilt als Fortschritt - teilen allerdings Familien die richtigen Ehefrauen noch mit Hilfe von Ehevermittlerinnen den falschen Ehemännern zu, die sich sogar mit Geld Nebenfrauen leisten dürfen. Als ob es einer Elsternbrücke bedarf, um einen Kuhhirten mit einer Weberin zusammenzubringen. So darf sich also der Ehemann To-chi in der sehr heißen Mittagszeit faul unter einen seiner vielen buschigen Teesträucher schlafen legen, währenddessen seine Hauptfrau Shan-liang von ihrer Herkunft her alles bis zum Umfallen in Gang halten und sich dabei auch noch freuen muss. To-chi gewinnt sogar viel Zeit zum Träumen. Er träumt dabei weniger von der Magie der Geisteskraft. Diese ist wohl für die besser gekleideten höheren Schichten reserviert. Er träumt aber von seiner Manneskraft in einer fremden Betthöhle und davon, wie er jene pflegen kann. Der Traum gibt ihm keine Auskunft. Da er nicht lesen kann, wird er es auch nicht nachlesen können und müssen. Er weiß nicht, was ihm an verbotenem, inhaltsreichem Schrifttum entgeht.

Shan-liang ist pflichtbewusst, daher sucht sie den Herrscher des Ganzen überall vergeblich. Als sie ihn nach einer erträglichen Zeit nicht findet, gibt sie die Suche auf. Sie hat jetzt ihre Ruhe vor seinen Schlägen.

26. Geschichte: Brot und Spiele

Spielen darf und kann eigentlich nur die Oberschicht, da die Schichten darunter für sie arbeiten und jene daher viel Zeit hat. Nur Pferdespielgruppen können beide Klassen, sorgfältig getrennt voneinander, besuchen. Ein einfaches Spiel der gehobenen Schicht ist das Weinwetttrinken. Attraktive Spiele sind solche, bei denen sogar Damen mit Schlägern auf Pferde klettern und hinter einem Ball herreiten. Härter geht es bei reizvollen Spielen zu, in denen sich die gegnerische Mannschaften abpolstern und sich auf schlammigem Untergrund aufeinander stürzen müssen, um den unrunden Ball in der Mitte zu ergreifen. Der soll hinter Stangen geworfen oder getreten werden. Das Spiel ist auch eine gute militärische Übung, vor allem, weil man den Ball nur nach hinten abgeben darf.

Sind die hohen Herren - seltener sind Damen dabei - nicht zu dumm, spielen sie auch komplizierte Brettspiele. Eines übernimmt das Land der aufgehenden Sonne als sein eigenes. Es wird zu Go. Ein Spiel wird später das Glücksspiel Majiang sein, genannt nach dem Hanfsperling auf dem Bambusstein 1. Vier Mitspieler müssen gleichzeitig Muße haben, um spielen zu können, d.h. mindestens so viele Sklaven oder bei ihren Ansprüchen möglichst noch mehr müssen für sie arbeiten. Das können nur zu wenige sein.

Koalitionen kommen bei diesem Spiel nicht vor. Alle vier Himmelsrichtungen, also Tiger, Drache, roter Vogel und dunkler Krieger bilden im Geviert eine Stadtmauer und spielen - anstatt mit billigen Fischknochensteine - mit teuren Elfenbein- oder Jadesteinen gegeneinander. Westen und Osten, Süden und Norden sind vertauscht. Auf die Spielsteine sind unterschiedliche Schriftzeichen eingraviert, z.B. für die Jahreszeiten. Offensichtlich gerät hier die wahre Einstellung der gleichen Lebenschancen etwas durcheinander; denn ein Mitspieler soll tatsächlich gewinnen, wenn am Schluss die Abrechung mit kleinen Zählknochen erfolgt. Der Osten hat zwar Vorteile, Gewinne aus der Hand variieren aber.

In den arbeitenden, daher unteren Volksschichten geht es im Durchschnitt etwas ernster zu. Nur manchmal ändert sich daran etwas. „Heute lebe ich noch, morgen bin ich schon tot, wollen wir das beste daraus machen", kann so eines Tages auch der alte Ying-ta von sich geben. Er hört daher auf zu arbeiten, fängt an zu denken und spielt konzentriert Klicker mit den drei Freunden aus Kao-fen, die den Frost gut vertragen. Er folgt damit ja nur dem Beispiel von Lai-lao Tzu, der noch mit 70 Jahren gern Kinderspiele gespielt hat. Es hat ihm seine freie Natur nicht geschadet, um zum vorletzten Menschen aufzusteigen.

27. Geschichte: Wirtshausklatsch

Es kommen einmal zwei Fremde in die Stadt am Fluss Fei, der hin und wieder Eisen enthält, das in den Bergen gewachsen ist. Der eine Fremde schielt, der andere ist ganz gesund. Für beides gibt es Vorschriften. Da der eine schielt, wird er laufend beschuldigt, vor allem nach den hübschen Töchtern der gering geachteten Gastwirte zu schielen. Offensichtlich geht es in jeder Schicht um das gleiche.

Bevor der Wirt sich in diesem öffentlichen Haus dazu äußert, fragt er einen Priester um Rat. Die Provinzbeamten sind ja wieder abwesend, obwohl sie auch die Staatsreligion für die Zentralregierung vertreten. Sie sind außerdem nur ansprechbar, wenn einer ohne Vernunft, aber mit gutem Geld durch die Hintertür kommt.

Nach der Beratschlagung wendet sich der Gastwirt höflich, aber bestimmt an den gesunden Fremden. Jener geht wohl davon aus, dass der Freund des Gesunden zusätzlich seine Hörfähigkeit verloren hat: nur, weil er zufällig schielt. „Fremder, rate Deinem schielenden Freund, das sofort zu unterlassen. Auch in meinem Hause verstößt dies gegen die einschlägigen guten Sitten, die von der Öffentlichkeit Besitz ergriffen haben." Während der Schielende weiter zu den Mädchen schielt, antwortet der Gesunde zuversichtlich: „Ich kann nichts daran ändern, keiner kann es, denn es ist ein Geburtsfehler. Der sollte Dich nicht stören. Warum müssen wir als Deine Gäste dann verschwinden?"

Darauf hin werden die beiden ungleichen Freunde mit Hilfe von gut bezahlter Verstärkung der Stadt verwiesen.

Der Gesunde macht sich mit seinem „Geburtsfehler" auf und davon. Er hat die Erfahrung gemacht, dass Gastfreundschaft in diesem Gewerbe wohl nichts zählt. Er hätte eben Flöte spielen und dabei einen Kranich tanzen lassen sollen, anstatt dem Gastwirt den Reiswein sofort zu bezahlen.

28. Geschichte: Ganz normal

Arbeitende Menschen reichen nicht. So haben schon früh geschickte Handwerker mechanische Maschinen entwickelt. Die können sich wie Menschen bewegen und die Herren bedienen, obwohl es genügend Sklaven gibt. In ein paar Jahrtausende werden sie jemanden überwachen und einen ansehen, um herauszufinden, wer man ist. Bei der falschen Zuordnung wird man nicht an den Ort durchgelassen, wohin man will.

Angeordnete Bewegungen sind aber nicht alles. Man kann auch bewegungslos nach Bestätigung suchen, wofür die alte Medizin und auch Astrologie sicherlich eine Begründung haben. Dem alten Weisen Mei Tzu sind Praktiken wie Brennkegel aus Wermut-Mark auf der Haut ab zu brennen, gleichgültig. Ob weibliche Schamanen in der Form eines heiligen Baums ein Vorzeichen sehen, interessiert ihn wenig. Er hockt schon lange mit verschränkten Beinen auf einer Bambusmatte in seiner alten Schilfhütte, die allem anderen als einer Wohnkunst entspricht.

Die Leute hier sind wohl schlecht erzogen, denn sie haben von seinem Äußerem auf seine falsche verborgene Mitte geschlossen. Daher sagen sie von ihm, er könne nicht mehr anders, er würde zu nichts anderem taugen. Aber da irren sie sich gründlich, denn einmal am Tag erhebt er sich in aller Stille und geht einem großen Bedürfnis nach. Glück ist nur fast völlige Bedürfnislosigkeit.

29. Geschichte: Sensation

Hähne gibt es viele, weiße gegen Dämonen, feurige gegen Feuer oder Erd- oder Wasserhähne. Kämpfe von stolzen Hähnen finden möglicherweise in der Nähe von Jungfrauen und in Richtung Westen statt. Welche Bedeutung haben diese beliebten Wettkämpfe? Die Antwort ist leicht. Was bedeuten denn Hunderennen, gut ausgebaute Schutzmauern, Spiel- und Wettsucht, aneinander klebende Menschen im Straßengestrüpp, vor Schweiß triefende Arbeitssklaven, Clans und Familien mit ungeahnten Möglichkeiten und verkommenen Ansprüchen? Diese Beispiele sind wohl Zeichen des Wohlstands, der irrtümlicherweise der Weisheit eines Kaisers oder eines anderen gottähnlichen Wesens auf einem Thron als Verdienst zur Last gelegt wird.

Eher geschehen noch Dinge wie, dass bei einem Hahnenkampf in Wei ein Hahn ein Auge und damit seine Kampffähigkeit, die von beidseitigem Sehen abhängt, verliert. Ab sofort ist der von sich zu sehr überzeugte Hahn zu nichts mehr zu gebrauchen. Seine Pläne sind nicht aufgegangen. Er wird erschlagen, ausgestopft und in eine Art Museum für Opfergaben gestellt. Bisher haben die Leute in Wei noch keinen einäugigen Hahn gesehen und sogar besichtigt. Das wird möglicherweise Folgen haben für die Hunderennen.

30. Geschichte: Zufall

Schriften können weitgehend gefälscht sein, sei es, dass die Reihenfolge der Texte nicht stimmt, sei es, dass ein Sinn mit anderen Worten wieder gegeben wird, oder sei es, dass sie die gute Bildung von Beamtensöhnen in Baumschulen zu beschreiben beanspruchen. In der Tat müssen Beamtensöhne die offiziellen Lehranstalten mit ihrem strengen Prüfungssystem besuchen: ob sie nun dumm sind oder nicht. Schließlich dürfen die oberen Tafelträger nicht aussterben, obwohl dann vieles besser würde. Wer aber außer ihnen sollte dann aber die allgemeine Kriecherei vor den Herren und Herrschaften durchsetzen! Dafür ist fürwahr ja kein Verstand erforderlich. Gesetze und Vorschriften, die nur Beamte verstehen, schematisches Vorgehen und ein Schuss Bestechlichkeit, kombiniert mit einem neutralen Gewissen, reichen dazu aus.

Aber auch der Unterricht in Beamtenschulen, der ja eigentlich inhaltsleer ist, endet zu einer bestimmten Tagesstunde. Das berichtet ein sonderbarer Text. Ein für Beamtenverhältnisse fast kluger Schüler kommt auf dem Nachhauseweg vom Weg ab, rollt ein Stück den Abhang herunter und landet unmittelbar in einem Teestrauch. Auffällig ist, dass er ohnehin Tee pflücken will. Aber, dass es seine Sorte ist, nämlich Lung-ching, grenzt nahezu an ein Wunder. Es ist fast Fügung. Schlagartig wird ihm – für einen Beamtensohn unverständlich - bewusst, dass er falsch gelebt hat. Daher will er - und damit weicht er völlig von der vorgegebenen Bahn ab - etwas tun: und dann noch gute Werke. Er fängt damit an, dass er seine Eltern daran zu hindern versucht, das Haus mit neuem Lack auszubessern, weil der die überwinternden Insekten töten würde.

31. Geschichte: Sinn

Tsün und Wang gehen in einem Bambuswald spazieren.
Sie verwickeln sich in den philosophischen Schulen, die
sie kennen und die auch noch für wissenschaftlich gehalten
werden. Dann geraten sie in das dialektische Verhältnis
zwischen Verallgemeinerung und Übertreibung. Am Ende
sinnieren sie darüber, ob das Nicht-Sein das Sein und das
ganze All wirklich hervorbringt, das Bin innen ist, man
sich haben kann, erst noch wird oder alles nichts ist.
Irgendwann in der Nacht brechen sie dieses Kräfte zehren-
de Gerede, das nur zu Streit führt, ab und gönnen sich eine
Pause. Die ist aber nicht von langer Dauer, denn sie haben
noch keine Lösung gefunden, für welches Problem auch
immer. Sie stochern also weiter im Nebel herum, indem sie
sich unbedingt in die Astronomie verbeißen müssen. Die
ist aber noch nicht so weit, denn der Himmel soll gleichzeitig rund und quadratisch sein. Hat die Hofastronomie
die Länge des Sonnenjahrs wirklich berechnet, Sonnenfle-
cken erkannt, Sternkarten gezeichnet und den Himmel mit
der Armillarsphäre nach Ringen gemessen? So geraten sie
wie von selbst in Streit darüber, ob die Sonne sich um die
Erde dreht oder umgekehrt. Schließlich kommen sie über-
ein, dass sie es nicht wissen. In Harmonie finden sie sich
beide damit ab. So hat ihr Spaziergang doch noch einen
Sinn gehabt.

32. Geschichte: Das Prinzip

Tao-hao kann sich als Soldat nicht verdingen, weil gerade kein Krieg ist oder was man im Reich damit meinen darf. Einen ordentlichen Beruf hat er nicht erlernt. Obwohl er unerkannt und legal auch als Kaufmann hätte durchgehen und sich ernähren können, entscheidet er sich bewusst und offen für das einträgliche Wegelagerertum und Straßenräuberwesen. In diesem Beruf kann er auch Gutes tun, denn Legitimation braucht jeder. Vielleicht hätte er sein Berufsbild in „Die Räuber vom Lian Schan Moor" nachlesen sollen. Außerdem werden dadurch sowohl die Einheit von Körper und Geist, als auch die Respektlosigkeit vor den Beraubten geschult.

Tao-hao ist immer gut vorbereitet, so auch an jenem Tag, als er wieder einem prächtig gekleideten, fetten Reisenden den Weg verstellt. Der wiegt wohl einen halben Last und muss daher in einer besonderen Sänfte getragen werden, die aber noch nicht über eine drehbare Liege verfügt. Als Tao-hao ihn höflich um seine Geldbörse bittet, weicht der Fette ohne Widerstand der Gewalt und händigt ihm freiwillig das Geld aus. Dabei schlottert er vor Angst. Der Räuber nickt erst zufrieden, dann kommt er aber ins Nachdenken: „Wo sind die Begleitsoldaten für diesen hohen Beamten in orangenen Kleidern? Es wird wohl eine geheime schmutzige Mission in eigener Sache sein." Tao-hao untersucht daher die Sänfte genauer und entdeckt ein Geheimfach, indem sich ein großes Kästchen befindet, gefüllt mit seltenen Perlen und Schmuckstücken. Erst jetzt ist er wirklich zufrieden mit seiner Arbeit und hebt den Arm. Im gleichen Augenblick tritt aus dem Gebüsch ein ärmlich gekleideter Reisbauer heraus. Ihm übergibt Tao-hao das Kästchen, nur die Geldbörse behält er für sich. Der Bauer dankt, spuckt dem Reichen ins Gesicht und verschwindet zu den Seinen. „Das ist nackte Gewalt", jammert der Reiche. „Das ist das erhabene Prinzip der Verteilung", antwortet der Räuber. Dann hackt er dem Reisenden mit seinem Kurzschwert den Kopf ab und geht froh seines Weges. Wieder hat er die eigene Person als Grundlage einer Gegenordnung weiterentwickeln können.

33. Geschichte: Hundekot

Nicht jeder führt ein Hundeleben, schon gar nicht, wer gelernt hat, andere zu schlagen und eine Führernatur zu werden, weil jene nicht zurückgeschlagen haben. Ein durchschnittlicher Hund ist dagegen irgendwie treu. Er würde vielleicht sogar den Eiter aus der Beule von Ministern saugen. Ein richtiger Hund schaut sogar, wenn es mit ihm offensichtlich zu Ende geht, wissend zu, wie sein Herr ihm schon für morgen ein Grab im Garten schaufelt.

Hundemenschen gibt es nur im Süden, sie wollen von dem wunderbaren Hund P'an-hu abstammen. Berufe um und mit dem Hunde gibt es viele wie den ,Besondere-Hunde-für-das-Essen-Züchter', Hundekoch, ,Halter von Hunden für Bauopfer' und viele mehr. Auch der Hundekotsammler bereichert die Berufslandschaft. So hält der durch sittsame Korruption reich gewordene Tsang-fah-tze auf der Straße einen Hundekotsammler an und befiehlt ihm, stehen zu bleiben. Barsch fragt er jenen: „Wohin gehst Du?" „Immer geradeaus, hoher Herr." Da schlägt ihn der unedle Emporkömmling nieder, der sich wohl wegen seiner reich verzierten Tunika und Jacke darüber für etwas Besseres hält. Der Arme fällt aber genau in einen Haufen Hundekot. „So hat doch jede Handlung ihr Gutes", denkt K'üan-tze demutsvoll.

34. Geschichte: Frauenrechte

Alles ist im Wandel. Die Rechte für Menschen, Strafe und Belohnung. Sieht man vom Leben als Mädchen im blauen Hemdchen und der Vervollkommnung im Kampfsport ab, haben Frauen nur zwei Chancen sich zu entwickeln. Entweder sterben sie frühzeitig oder fliehen vor ihren Männern, um am Leben zu bleiben. Eine Möglichkeit bilden dabei besondere Gefängnisse für Frauen. Dort müssen sie auf Luxus allerdings verzichten. Keine Türkisfedern des Eisvogels als Kopfputz, kein Rouge aus Saflor, Zinnober für die Lippen oder Reispuder fürs Gesicht, keine farbige Fettschminke für gebogene Sorgenbrauen oder für Brauen, gezackt wie ferne Berge. Voraussetzung für eine glatte Gefängnislösung wäre ein Antrag beim zentralen Ministerium für innere Menschenangelegenheiten, den Frauen aber nicht stellen können. Sie müssen sich also schon ein gutes Verbrechen einfallen lassen, um möglichst lange in Freiheit sitzen zu können. Am besten wäre es, wenn sie ihren Ehemann umbringen würden. Das würde allerdings die Todesstrafe nach sich ziehen. Die Ehefrauen müssen die Tat also so hinbiegen, dass der alte Knochen schwer verletzt überlebt und die Richter diese nicht als bewusste Absicht auslegen können. Faule und daher gut bezahlte Richter sind für die Rechtsprechung in jedem Fall die bessere Wahl, als auf weise Richter wie Herrn Ti zu setzen.

Vor diesem Hintergrund ist zu verstehen, dass zwei Frauen, die wohl noch keine dieser beliebten gleichgeschlechtlichen Beziehungen eingegangen sind, ihren Gefängnisalltag mit einem Tisch-Ballspiel versüßen können, das den

Klang Ping-Pong erzeugt. Dabei gewinnt Frau Sun laufend, worauf Frau Han scheinbar ungehalten sagt: "Ich höre auf, ich habe keine Lust mehr." Dem entgegnet Frau Sun empört: „Du hast ja Angst, dass Du noch mehr verlierst." Frau Han ganz ruhig: „Nein, ich möchte nicht, dass Du verlierst." Dieses Beispiel zeigt dreierlei. Gefängnisinsassen dürfen zur körperlichen Ertüchtigung und, um sich zu erleichtern, an die frische Luft und Gefängnisse fördern die Entstehung von Spielen und philosophischen Gedanken.

35. Geschichte: Jeder ist wertvoll

Es können nur böse Gerüchte und Gedanken aus fernem Barbarenland sein, dass in den edlen und gut genährten Oberschichten - zumal den adeligen – nur Abweichungen von der Norm der Bestandserhaltung eines glücklichen Parasitendaseins dienen können. Genauso wenig stimmt es aber, dass man verwachsene oder behinderte Kinder von Geburt an nicht brauchen würde, höflich wegschaut und nur zur Beruhigung des Gewissens für diese Notleidenden von Ferne etwas Geld spendet. Völlig undenkbar ist es, dass ein irrsinniger Herrscher Behinderte zum störenden Unwert erklären und sie gewaltsam aus der Mitte drängen würde, obwohl sie Menschen sind. In jedem Fall müsste es sich dann wohl um kulturell unvorstellbare dunkle bis braune Zeiten in sehr weiter Zukunft handeln.

In Ländern der wirklichen Mitte sind Behinderte dagegen von Beginn an wer, dürfen fast alles und dürfen froh sein, nicht verstoßen zu werden. Dafür sorgt schon irgendein Schutzheiliger der 8 Unsterblichen. Je nach Art der ,Behinderung' können die Betroffenen aber in unterschiedlichem Maße an Meditations- und Entspannungsübungen oder Bewegungs- und Kampfkunstübungen teilnehmen.

Manche Gemeinschaften gehen sogar in ihrer Ehrlichkeit so weit, dass sie nicht um dieses Geburtsmerkmal herum reden. Dadurch werden Behinderte in außergewöhnlicher Offenheit angenommen und dürfen so ihren auf ihrem Lebensweg wandeln, wie die folgende Begebenheit aus alten Zeiten zeigen will.

Ein Junge kommt mit so einem winkelig verbogenen Rücken auf die Welt, dass ihn die Eltern schlicht so oder noch schlimmer mit zweitem Namen nennen. In diesen Gemeinschaften der Mitte kann es dann üblich sein, „Der-Rest-Der-Hinten-Heraus-Kommt' genannt zu werden, wie auch immer sich dieses ‚schlimme' Wort übersetzen lässt. Das gilt hier eben nicht als Abwertung, sondern ist ein erhabener und wohlklingender Name für einen begabten ‚buckeligen' Jungen aus einer Provinz. Auch Herzöge tragen ja manchmal Buckel und kommen mit Hilfe von Zwergen voran.

Überall, wo der Junge sich nun in seinem Leben vorstellt, müssen die Leute so über seine Riesentrommel lachen, dass sie ihm alles gewähren. So wird der Junge durch seine scheinbare Lächerlichkeit zum großen Ku-yen. Wohl dem, der winkelig verbogen geboren wird und mit Weichem Hartes besiegen kann! Er ist vorbildhafter als der Hahn mit seinen vorgeblichen edlen Tugenden, der nur auf seine Hühner fliegt.

36. Geschichte: Brot

Offensichtlich haben Bäcker schon sehr früh in vielen Ländern der Welt Brot gebacken, wenn Getreide angebaut worden ist. Manchmal dürfen nur die Reichen Brot essen, die auch Reiswein dazu nehmen oder Wettkämpfe im Weintrinken veranstalten dürfen.

Nur, wenn es Brot gibt, kann es geschehen, dass ein Hund ruhig sein Bein hebt und an einen Korb mit Brot pinkelt. Er kennt wohl kein Brot, denn er hat es mit seiner flüssigen Phase verwechselt und auch das Ergebnis der letzten Phase für essensuntauglich gehalten. Nur in jener handelt es sich nämlich um einen grobkörnigen Teig, der mit Wasser versetzt werden muss und erst nach dem Aufwärmen in der Sonne gebacken werden kann.

So wenig dies der Hund verstehen kann, so wenig kann sein Herrchen, der Bäcker Li-tze, dieses Fehlverhalten hinnehmen. Der Bäcker jagt ihn daher verärgert fort. Offensichtlich hat er wohl noch nie in der allgemeingültigen Sittenlehre und insbesondere im Teil über die Beherrschung gelesen. Vielleicht würden die Ausführungen ja auch gegenüber seinem Hund gelten.

Der Hund jedenfalls sucht sich einen Platz, wo er vor dem Metzger sicher ist, und blinzelt treuherzig in die Sonne. Sein Weltbild ist tief erschüttert. Der Bäcker wäscht indes das Brot ab und verkauft es seinen reichen Kunden weiter. Er ist gegen Verschwendung. Wie lange wird das gut gehen, wo er doch noch nicht einmal klingende und Wasser speiende Fisch- und Glücksbecken aufstellen will!

37. Geschichte: Ohne Hose

Gerade, wenn die Ordnung in bodenlosem Formalismus zu versinken und unterzugehen droht, machen sich in dem einen oder anderen Bezirk Freidenker breit. Meist sind es junge Leute aus den reicheren und einflussreicheren Schichten, die viel Zeit haben und noch nicht wissen, was sie im oder außerhalb des Hauses dürfen und was nicht. Die Grenzen liegen ja irgendwo und irgendwie fest, wie die Alten meinen. Die Freiheit der Abweichung ist daher im Schrifttum offiziell nicht vorgesehen.

Eines Tages treibt es eine solche Gruppe wieder haltlos auf den Straßen von Lo-yang, die eigentlich Pferdewege sind. Das kann in dem ansonsten so tristen Arbeitsalltag nicht lange unbemerkt bleiben. Bevor aber noch die Polizisten des Präfekten herangerückt sind, kreuzt der Priester-Lehrer Sü-shi den Weg der Gruppe und spricht sie ohne Vorrede an: „Das dürft ihr nicht!" Sie fragen schlicht: „Weshalb nicht?" Ihm fällt nicht nur keine Antwort ein, sondern er ist innerlich auch irgendwie völlig fertig. Zur Überraschung der Gruppe zieht er daher seine Über- und Unterhose bis auf die nackte Haut aus und zeigt seine ganze Pracht.

Von da an nennt man ihn Shi-tze, den größten Schweinesohn in der Provinz. Kaum zu glauben, dass diese Abweichung des Priesters schlimmer sein soll als „die Leidenschaft des abgeschnittenen Ärmels" oder "der abgebissene Pfirsich". Diese Abweichung wird unterschiedlich bewertet. Zum einen fällt man immerhin nicht ins Nichts, wenn man schwul ist, also wer ist, gleichgültig, ob man Leder nach Tierstil aus dem Norden trägt. Zum anderen darf sich auch ein Kaiser in Frauenkleidern aus Brokat oder Damast zeigen, obwohl er damit die Zeugung von Nachkommen leicht vergisst.

Offensichtlich sind aber in diesem Fall hier nur Ying und Yang nicht in Harmonie gewesen, z.B. im Feuer des Meeres oder in Gestalt eines Rebhuhns. Ein Wandlungsbuch listet das, was sich gegenüber stehen muss, erschöpfend auf.

38. Geschichte: Voraussicht

Es gibt Menschen, die eine eherne Schale Reis, also siche-re Arbeit haben, und Menschen ohne Arbeit, von denen offiziell Tausende von Jahren keiner spricht. Als die voll-beschäftigten Bauern gerade beim Reiseinstechen sind, fängt es plötzlich an zu regnen und eine große Flut über-schwemmt das Land. Das ist zwar gut für den Reis, aber schlecht für die Reisbauern im kleinen Dorf Tsai, weil sie nicht mehr da sind. Offensichtlich haben diese halbgebil-deten Menschen ihre Tradition verlernt. Vielleicht haben sie daher vergessen, sich vor dem Neujahrsfest, wenn der Küchengott sich über jeden beim Jadekaiser beschwert, fast zu Tode zu putzen und dann mit Lärm, roter Farbe, Feuer und großem Vereinigungsessen die Monster zu ver-treiben. Oder die Bauern haben Fleisch gegessen, so dass sie das Neujahr in der Stunde des Tigers nicht hereinlassen konnten. Vielleicht haben aber auch die unverheirateten jungen Menschen zu wenige Mandarinen oder Reisklöße für die Fischer ins Wasser geworfen.

Die Moral von der Geschichte: „Pflanze nie Reis ein, be-vor Du dich nicht bei einer anständigen Feier erkundigt hast, ob eine große Flut kommt."

39. Geschichte. Die Ratte

Die Ratte ist das erste Tierkreiszeichen. Sie muss überall zuerst da sein, steht sogar für Begeisterung. Ratten kriechen aber auch oft Wände hoch, auch wenn es nicht ihr Jahr ist. So hat auch eines dieser heiligen Tiere, deren Schwänze wie auch die Drachenkrallen begehrt sind, die Vorräte der reichen Familie Chu gerochen und angesteuert. Gerade in dem Augenblick, als die Ratte aber das Fenstersims erreicht, schlägt ihr das Familienoberhaupt mit dem Kurzschwert den Kopf ab. Dieses besondere Messer hat er wohl in einem gerösteten Fisch versteckt. Die Ratte verliert nicht nur ihr wichtiges Fresswerkzeug, sondern sie kann auch nicht mehr die wunderschönen Landschaftsbilder an der Wand der Bewunderung betrachten.

Die Moral nach Deutung der Leute aus Shu-kao: „Stecke nie Dein Fress-Werkzeug in fremde Vorräte, dann kannst du alles verlieren."

40. Geschichte: Das Teekonzentrat

Da sitzen sie am Boden herum und qualmen. Das ist nicht schlimm, denn sie haben nichts vor. Vielleicht morgen wieder. Je plötzlicher sie ein erstaunlicher Gedanke befällt, desto überraschender ist daran, dass dieser zum Handeln führen soll. Handeln heißt für sie Tee kochen.

Unter Einhaltung der üblichen Zeremonie wird der Tee so stark, dass sie ihn den hochkonzentrierten nennen. Von seinem Genuss werden sie so konzentriert, dass sie glücklicherweise nichts mehr tun können. als geistig abzuheben. Vielleicht könnten sie in mit Raketensätzen bestückten Kastendrachen wie Feuerstrahlen ins All fliegen. Ab sofort nennen Historiker diese Zeit das „Jahrhundert des Feuerpfeil-Tees", das „Huo-Tsien-Ch'a"-Jahrhundert. Für seinen Zeitgenossen werden sie zu einer durch den Genuss von Teekonzentraten ,abgehobenen Bande'.

Nicht überliefert ist, ob sie ihren Tee mit Honig gesüßt haben, dem der wohlmeinende Nachbarsclan Rattenexkremente beigemengt hat, und die Teetrinker davon krank geworden sind.

41. Geschichte: Die Eule

Der Frühling, wechselhaft wie ein Kind, kommt meistens aus dem Osten heran. Fast schon zeigen Magnolien ihr verhaltenes Lächeln. Der weithin herrschende Friede wird auch nicht durch unnötige Streits mit Tod bringenden Waffen wie Wurfmaschinen gestört. Ein Wort für Krieg fehlt ohnehin im Land der Chancen für alle oben.

Die streng nach Rang geordnete Gruppe, die zügig am Weg entlang zieht, fügt sich in die Harmonie der Natur ein. Allerdings kommt sie plötzlich zum Stehen, als sie am Waldesrand eine Eule auf den Hut des Meisters Yen zufliegen sieht. Das macht dem Hut nichts aus, und Yen schreitet weiter in sich gekehrt voran. Der Anführer der Gruppe macht ihn daher auf dieses ungewöhnliche Ereignis mit lauten Zurufen und wildem Gestikulieren aufmerksam. Der Meister geht darauf zwar nicht weiter ein, denkt aber: „Eigentümlich ist, dass es eine Eule sein soll. Es muss eine optische Täuschung und daher sicher ein anderes Tier sein wie der koreanische Jagdfalke; denn es ist Tag."

Ist es vielleicht eine Taube gewesen, die die Bewegung einer Truppenabteilung bei einer Ordnungsmaßnahme im Staat nebenan erreichen sollte und sich nur hierher verirrt hat?

42. Geschichte: Die Chronik

An vielen Stellen in einer älteren - wie auch immer von oben verfälschten - Chronik heißt es, dass Herr Mei oft krank gewesen sei. Doch dieser Historiker ist nie krank gewesen. Das ist wieder einmal eine Legende, die zu etwas passen soll. Die meisten Menschen aus seinem Dorf Niaomang sind ihm nämlich oft begegnet und bestätigen höflich seine fortwährende Gesundheit. Offensichtlich hat der Chronist Jin-Riki-sha nicht dazu gehört. Anstatt dessen hat er sich lieber in der fernen Stadt im Menschenfahrzeug schnell herumfahren lassen, um alles von außen zu betrachten und nicht bei den Menschen richtig vorbeizuschauen.

43. Geschichte: Musik

Bücher können verbrannt werden, Musik nicht, es sei denn sie ist aufgeschrieben: Das wird erst viel später außerhalb des Volkes geschehen wird. Musik kann daher nur verboten werden.

Musik kann gefallen, wenn sie geistvoll gezupft ist, oder wie kanonenähnliche Kriegsmaschinen wirken, deren Sehnen glühende Naphthatöpfe schleudern. Künstler, ob Musiker, Maler, Literaten, Schauspieler merken meistens nicht, wie sie wirken und ankommen. Töpfer, die es zum Hof schaffen, schon eher.

Die Musiker um den Knochenflöten-Spieler Ying - genannt Mao Wang - glauben dagegen, schöne Musik im Schatten zu erzeugen. Sie merken nicht, dass sie sich nur im reinen Rhythmus wie in der Urzeit erschöpft. Offensichtlich spielt Yang nicht mit, weil er sich lieber von der Sonne bescheinen lässt. Wen kann es daher wundern, dass keiner zuhören will. Manche bewerfen die Musiker sogar entgegen den Vorschriften für Hygiene mit faulen Eiern. Was bleibt den selbst ernannten Künstlern anderes übrig, als ihre Instrumente zusammenzuklauben und in die Einöde zu fliehen. Dort können sie als Einsiedler in ihren Schildkrötenbetten vor sich hin leben.

Viel kommt dabei nicht heraus. Offensichtlich können sie keine neue Musikrichtung auf Grundlage des Schepperns und bloßen Lautseins gründen und auch keine neuen Gedanken über die Musik als solche formulieren. Man hört nämlich seitdem nichts mehr von ihnen, auch nicht, ob die Geister sie vertrieben und Tiere des Waldes gefressen haben.

Vielleicht wäre alles anders gekommen, wenn sie wie Magier ihre Masken so schnell hätten wechseln können, dass sie die Ehrfurcht und Achtung des Volkes gewonnen hätten. Dann hätten sie so gut von den Almosen leben können, dass sie arme Kinder ihren Eltern hätten abkaufen und vor Schlimmerem hätte bewahren können. Diese Hündchen gibt es immer im Angebot, wenn Überschwemmungen die Ernährung grundlegend in Frage stellen.

44. Geschichte: Die Leute

Wunderheiler laufen überall frei herum; ob es schon Ärzte sind, ist nicht bekannt. Es ist schon erstaunlich, wie sie voraussagen können, dass jemand in 30 Jahren die Augenbrauen oder Schlimmeres verlieren wird und nur eine Fünf-Steine-Suppe dagegen helfen soll. Dass die Gesichter von Menschen etwas verraten - es muss ja kein mehrfarbiger Puls sein - ist Geschichte. Nur Politiker können lügen, ohne rot zu werden. Gegen sie hilft noch nicht einmal sauberes Regenwasser.

Richtige, hoch geachtete Medizin hat sich wohl schon lange in dem Bereich gezeigt, der sich mit spitzen Nadeln beschäftigt, um den Fluss der Lebensenergie durch richtige Nadelung wieder herzustellen. Leichen werden dagegen erst später aufgeschnitten, um daraus Erkenntnisse zu gewinnen. In diesem Bereich kommt man also erst einmal nicht so sehr voran.

Lao ist ein besonderer Arzt. Er heilt kranke und verfaulte Zähne oder besser, er meint, es zu können. Doch keiner kommt mit seinen Schmerzen zu ihm. Auch Bestechungsgeschenke helfen nicht weiter. Die Leute sind einfach zu abergläubisch. Sie glauben z.B. an Blasebälge von Tischlern in Särgen, um Überschwemmungen zu verhindern. Die Menschen behalten daher ihre Schmerzen und ihr Geld für sich.

45. Geschichte: Das Bett

Kaiser können sich schon einmal bei der Überwachung der für sie hart schwitzenden Kulis überarbeiten. Das ist natürlich um so eher der Fall, als sie ihr Selbst verlassen. M. a. W. sie pflegen zu viele Liebschaften gleichzeitig, essen und trinken zu viel von dem, was nicht zur Jahreszeit passt, und achten nicht auf körperliche Bewegung, die sogar gesund machen soll. Schon, um auf der Sonnenseite der Liebe zu bleiben (ob gleichgeschlechtlich oder nicht), müssen Herrschende harte Mittel schlucken. Für Sportkapseln ist dabei der Hofarzt zuständig, der allerdings auch keine Wunder vollbringen kann. Den Urin des Tigers zu trinken wird genauso wenig nützen, wie sich im Garten der Sinne aufzuhalten oder mit den richtigen Pflanzen zu leben. Am besten sind Kaiser dran, die nicht nur Eunuchen als Palastwächter oder kaiserliche Sekretäre haben, sondern selbst schon welche sind. Das ist aber selten der Fall, weil Eunuchen besondere Dienste für die Cliquen leisten müssen, die Eunuchen gern an Kaiser verschenken.

Man kann sich jedenfalls als Kaiser nicht den ganzen Tag in der Sänfte herumtragen lassen und noch nicht einmal zur eigenen Notdurft zu Fuß in den Garten gehen. Es wäre im Übrigen schon ein großer Fortschritt, wenn man jene nicht so einfach an dem Ort herauslässt, an dem man sich gerade befindet.

Ohne körperliche Ertüchtigung können Kaiser so fett werden, dass ihre Liegestatt zusammenbricht, wenn diese schon nach westlichem Vorbild ein Bett wäre. Mit Sicherheit würde ein nicht-denkender Kaiser dann liegen bleiben und ruhig auf der Erde weiterschlafen. Das Ergebnis wäre also das gleiche, als wenn er gleich auf seiner weichen, dicken Matte weiter geschlafen hätte.

Richtige Betten führen aber weiter, wenn Kaiser hart aufschlagen und ins Nachdenken über sich geraten. Je nach Ergebnis könnten sie dann irgendwann Gewicht abnehmen, wem auch immer.

46. Geschichte: Drei Ecken

Zwei Weise aus den Grenzgebieten kommen an den Haupt-Palast in Shang-hai. Kaiser Nu-chu hat sie gerufen, weil dem Palast plötzlich eine Ecke gefehlt hat. Die Weisen wissen wirklich viel. Tagelang umschreiten sie nachdenklich die drei Ecken, ohne sich an der vierten zu stoßen. Plötzlich erhellen sich die Gesichter der Weisen. Sie gehen zum Kaiser und sagen: „Wir haben sie gefunden." „Und?", fragt der Kaiser. „Sie ist zwar da, aber nicht zu sehen. Außerdem ist es wohl eine besondere Ecke." Der Kaiser wird etwas ungehalten. Da sagen die zwei Weisen: "Das ist doch praktisch. An dieser Ecke kann sich kein Mensch stoßen." Tief geachtet kehren sie zurück auf dem Weg der verlorenen Ecke nach Tung-kao.

47. Geschichte: Der Maulwurf

Die Leute am Tung-t'ing-See treffen sich oft bei einem anregend-sanften grünen Tee, der den Blick weitet. Jetzt sind sie bei dem alten Shi-muh zu Gast. Sie schlürfen andächtig den Tee und schweigen. Da fragt einer nach Jahren Shi-muh: „Warum hast Du so viele Maulwürfe auf Deinen Wiesen, warum tötest Du diese Schädlinge nicht endlich?" Der Befragte starrt lange in seine Teetasse. Dann schaut er den Frager offen an und sagt: „Maulwürfe sind mein Vorbild!" Keiner kann das verstehen, alles murmelt im Rund. „Warum, warum", heißt es nur immer wieder. Wieder schaut Shi-muh in seine Teetasse, lässt sie kreisen, trinkt genüsslich einen Schluck. Dann blickt er auf. Alle sehen ihn erwartungsvoll an. Er sagt laut und deutlich: „Sie kommen blind zum Ziel!" Seitdem heißt Shi-muh der hoch erleuchtete Maulwurf.

48. Geschichte: Beraten ist alles

Viel können diese Gelehrten aus Hiao-huah nicht, außer zu reden, auf ihren Prinzipien herumzureiten und ohne lange Vorbereitung alles schriftlich festzuhalten. Dennoch haben sie überall in den Provinzen als verdeckt arbeitende Berater hohes Ansehen. Sie kommen daher weit herum. „Was soll ich machen", schreien die Menschen ihnen entgegen. Die Gelehrten wissen immer einen Rat. Ihr beliebtester ist: „Regt Euch nicht auf, trinkt den richtigen Tee richtig zusammen und sagt Euch, dass Ihr nichts ändern könnt!" Weil damit keiner, der ihrem Rat nicht entgehen kann, rechnet, werden sie gerecht bezahlt. Das spricht sich herum, so dass ein Ratsuchender nach dem anderen beraten wird.

In einer stillen Stunde wundern sich die Gelehrten manchmal, dass sie noch nicht als Reiswürmer aufgeflogen sind und noch leben. Dabei füllen sie doch nur die Lücken in den Reihen der Nicht-Berater des Königs.

49. Geschichte: Das Essbesteck

Im Dorf Ying-Yang lebt seit Jahrhunderten eine Steinmetz-Familie, die nicht nur neben der Feldarbeit Terrassen baut. Es ist der Clan der T'u-jen-tse. Im Umkreis sind daher kaum noch geeignete Steine zu finden, auch wenn es nicht Korund für Äxte oder verwöhnte Mädchen sein muss. Immer weitere Wege muss der Clan gehen. Als dann auch noch die Meißel ausfallen und Ersatz nicht mehr zu beschaffen ist, haben die Älteren im Clan eine Idee. Bambus-Stäbchen, wenn auch nicht aus Jujubeholz, sind reichlich verfügbar. Diese können sie für ihr Handwerk verwenden. Das ist besser, als nichts zu tun. Nur ist das fast aussichtslos und dauert Generationen. Aber, was soll es! Sie haben ja zur Sinnfindung weit mehr Zeit, als in nur 12 Jahren eine Steinbrücke zu bauen.

50. Geschichte: Der Arzt

Der Arzt Herr Fa hat über Jahre alles Wissen seiner Familie gesammelt und auswendig gelernt. Eines Tages wendet er es plötzlich an. Viele Bewohner des Dorfes Huan-siao sterben schnell und ruhig. Einige können fliehen. Eine Handvoll heilt er zufällig. Das wundert ihn. Er glaubt, dass er dreien von ihnen je drei seiner letzten lebendigen Läuse verabreicht hat.

Tagelang hat er nämlich auf bloßen Heilungsverdacht hin Läuse gejagt und in einer Schachtel gehütet. Diese Erstgefangenen haben fliehen können. Er hat daher neue suchen müssen und so viele gefunden, wie für die Heilung von 5 Dorfbewohner erforderlich ist. Alle 5 haben am Anfang gelb ausgesehen, bis er jede Person hat zwingen können, drei lebendige Läuse mit viel Tee herunterzuspülen. Nach ein paar Tagen haben drei der fünf Dorfbewohner nicht mehr gelb ausgesehen. Man kann sogar behaupten, dass es ihnen gut geht. Leider hat Herr Fa das Rezept bald vergessen, so dass sein Versuch, eine ähnliche Rezeptur auf die Versorgungsbandwürmer der Verwaltungsbeamten anzuwenden, fehlt schlägt. Würde ein Selbstversuch der Verwaltungsbeamten helfen? Nur ein Kotaumönch hätte diese Frage beantworten können. Leider hat ihn ein Kaiser versehentlich vor der Audienz töten lassen, weil er gerade mit Schachspielen beschäftigt gewesen ist. Der Nachwelt bleibt also verborgen, ob - überfliegt man großzügig die folgenden zweitausend Jahre Geschichte - der Selbstversuch mit einer Wahrscheinlichkeit von 10 Milliardsten oder ehr einer von 100 Billionen erfolgreich wäre.

51. Geschichte: Der Hand-Aufhalter

Zuerst glauben die Leute in der Provinz Chi-li, dass Shou-ih behindert sein muss. Jedes Mal, wenn er jemanden trifft, hält er die rechte Hand auf. Er verrenkt sie dabei immer wieder. Nach Jahren kann er sie noch nicht einmal mehr mit Gewalt aus der Stellung des ‚Aufgehalten-Werdens‘ zurückbewegen. Die Hand bleibt steif in dieser Position stehen. So fixiert rennt Shou-ih Tag ein Tag aus durch die Städte und hält vor den Geschäften und Privathäusern die Hand auf. Immer fällt etwas Kleingeld in seinen schwieligen Handteller. Mit der linken Hand greift er dann schnell zu und verstaut das gesammelte Gut in einem Beutel aus dünnem Bambus. Den trägt er klimpernd um die Hüfte. Viele fragen sich zwar, warum sie etwas geben, aber alle, die geben, geben gern von dem ab, was sie selbst brauchen. Und so geht es Shou-ih und seiner Sippe immer besser und besser. Nur ein paar Schulkinder, die ja noch nicht richtig durchblicken können, zeigen mit dem Finger auf Shou-ih und lachen ihn wegen seiner Behinderung aus.

52. Geschichte: Der Philosoph

Yang-ning Tzu ist zuerst ein zufriedener Korbflechter, obwohl er seine Waren nur heimlich verkaufen darf. Er beginnt aber aus der Art geschlagen, als nach Jahrzehnten Langweile einkehrt. Trotzdem findet Jahre lang noch kein richtiges Leben in diesem falschen statt. Er flicht weiter, kreuz und quer. Körbe, Körbe, Körbe. Die Abwechselung besteht darin, dass er hin und wieder einhält, auf seine wunden Fingerkuppen starrt und er auf krumme Gedanken kommt. Es muss wirklich Zufall sein, denn irgendwann fällt ihm auf: „Aha, ich kann ja beim Korbflechten denken." Und so beginnt er, über den Eisvogelflug, trächtige Schildkröten, Seeschiffe aus Schimabaum, Alt und Jung, die menschliche Fortpflanzung, den Sinn von allem, das Weltall, über eine weltweite Verständigung in einer technischen Gegenwelt und den besten Tee nachzudenken. Seine Stirn wird auffällig höher und glänzt neuartig. Runzeln durchziehen sie quer von links nach rechts und umgekehrt. Ein Denkteppich entsteht. Seine Nachbarn sprechen ihn darauf an: „Yang-ning Tzu, Du siehst plötzlich so klug aus. Bist Du noch Korbflechter? Du redest so geschwollen." Das gibt ihm lange zu denken. Plötzlich springt er auf und wirft die Körbe in die Ecke. Er kauft sich Lumpenpapier, Tusche, Pinsel, Reibstein. Tag und Nacht schreibt er seine Gedanken auf. Er isst, trinkt, schläft nicht mehr. Irgendwann setzt er sich auf eine kleine Bambusmatte vor seiner Hütte. Kommt dann jemand vorbei, liest er ihm etwas aus dem Geschriebenen vor. Viele gehen einfach weg. Andere hören andächtig seinen Worten zu. Sie verstehen zwar fast nichts, fragen aber nicht nach. Alle sind sich aber einig, dass jetzt ein Korbflechter zum Philosophen geworden ist. Der macht immer weiter, bis er vor Hunger, Durst und mangelndem Schlaf stirbt.

53. Geschichte: Das hohe Haus

Die Bewohner jedes Dorfes im Bezirk haben den Auftrag, ein Getreidesilo zu bauen. Es ist der Befehl des ehemaligen Kaufmanns To-tseh, der sich als Grundherr zu einem hohen Verwaltungsbeamten für Steuereinziehung emporgearbeitet hat. Naturalien wie Korn sind ja oft Zahlungsmittel, vor allem wenn Metall knapp ist. Sein Befehl wirkt wie ein Befehl aus dem kaiserlichen Sekretariat. Die Bewohner von Wu-tschang beschaffen Material über Material und beginnen zu bauen. Dreimal so hoch wie ihre Häuser soll das Silo werden. In dieser Zeit bleiben die Äcker im Umland unversorgt und unbestellt. Das sind Jahre. Das Gebäude muss so hoch sein, dass es alle Abgaben fassen kann. Jahr ein Jahr aus ernähren sich die Dorfbewohner nur vom Gemüse und Obst in ihren Gärten und ihrem Vieh. Hin und wieder läuft ihnen ein Hund über den Weg. Brot können sie nicht backen.

Als das Gebäude endlich fertig ist, will To-tseh auch von den Bauernsklaven seine Steuer. Sie sind entsetzt und erschrocken: „Wir haben doch kein Getreide zum Zahlen anbauen können!" Von einer Sekunde zur anderen wird der Ausbeuter amtlich oder böse. Sie flehen: „Wie hätten wir denn gleichzeitig zur Bauarbeit noch den Acker bestellen können!" Herrn Kaltherz juckt das nicht. Die Menschlichkeit des Edlen ist ihm fremd, er ruft nicht die anderen, wenn er etwas Nahrhaftes gefunden hat. „Dafür kann ich doch nichts!", stößt er eiskalt hervor. Das lässt die geknechteten Dorfbewohner nicht mehr kalt. Sie werden noch böser als er, ergreifen ihn und schleppen ihn die

Treppe zum Rand des leeren Silos hoch. Dort fleht der klein gewordene Beamte sie an: „So habe ich es doch nicht gemeint." Sie haben aber kein Erbarmen: „Dafür können wir nichts." Dann stoßen sie ihn herunter in die Tiefe. Da das Silo noch nicht mit ‚Steuern' angefüllt ist, versinkt und erstickt der Beamte nicht nach einer kleinen Weile, sondern schlägt sofort hart auf.

Endlich können die Bewohner von Wu-tschang wieder ihre Äcker bestellen: Jedenfalls, so lange die Soldaten des Militärkommandanten noch nicht eingetroffen sind.

54. Geschichte: Das Grabmal

Hsieh-man ist erfolgreicher Hundekot-Verarbeiter. Lange Jahre kann er daher glücklich mit vielen Frauen zusammenleben. Es sind nacheinander vier Stück, die er trotz der vielen Arbeit für seine wenigen Pausen gekauft hat. Mit denen hat er viel Spaß, viele Nachkommen und Teezeremonien. Da er sehr reich ist, baut er sich ein großes Grabmal. Stirbt einer der Frauen, lässt er sie darin nach Erwachsenenriten beerdigen. Eines Tages ist das Grabmal fast voll. Nur für ihn selbst ist noch eine bescheidene Ecke am Rand übrig. Das ist zwar wenig Platz für einen so bedeutenden Mann wie ihn, aber es ist wenigstens noch Platz.

Dann lernt der Mann eine fünfte Frau kennen und kauft sie sich. Er bestimmt aber gegenüber seinem ältesten Sohn folgendes: „Stirbt meine letzte Frau vor mir, soll sie sehen, wo sie bleibt. Sollte ich vorher sterben, sorge Du dafür, dass sie mich noch im Grabmahl auf den Rest-Platz steckt." Das machen sie schriftlich ab. Aber, grau, alt und verbraucht, wie Hsieh-man ist, stirbt er vor der süßen jungen Lotusblüte Mih-feng. Die hat er einst von seinem Freund, dem Gefängnisdirektor, mit wenigen Bestechungsgeschenken erstanden. Selbstsüchtig und geschickt, wie sie aber ist, wird sie mit dem ältesten Sohn schnell fertig und wirft den Vertrag ins Feuer. Dann folgt sie dem Prinzip „Er soll sehen, wo er bleibt." Sie lässt den Alten daher in einen tiefen, dichten Wald bringen und dort erwachsenengerecht beerdigen. Erde ist genug da. Ehre auch.

Als sie später stirbt, hat sie vorgesorgt. Die Diener geben ihr den verbliebenen Platz im Grabmal. Sie ist klein und zierlich noch im Tod. Sie passt gut hinein.

Was bleibt, ist die Erkenntnis: „Entweder baue ein größeres Grabmal oder leiste Dir weniger Frauen."

55. Geschichte: Bunte Affen

Im Reich der verlässlichen Mitte bekriegt jeder jeden, wenn sie es auch nicht Krieg nennen dürfen und bei der guten Verteilung von Chancen auch manchmal gar nicht können. Das ist der Alltag, bevor alle Lehnstaaten verschwinden und eine Einheit des Miteinanders entsteht, die dann auch wieder einheitliche Ordnungsmaßnahmen mit sich bringt. Ein König folgt dem anderen, ein Fürst dem anderen, die einen Adeligen folgen den anderen. Soldaten hat man genug. Die besten Soldaten tragen Eisenharnische und skythische Mützen, später tragen sie Kettenhemden und führen wohl Schwerter mit Stahlplättchen, deren Chagrinledergriff aus Rückenhaut mit Edelmetallen verziert ist. Diese Soldaten reiten wohl wie die Barbaren in Hosen und Stiefeln. Die anderen Soldaten, Fußsoldaten wohl, sind Bauern, Söldner, landlose Adelige, versklavte Nomaden, Vagabunden. Alle Soldaten können wohl mit Armbrüsten, Pfeilen mit Metallspitzen und Bogen aus Harthölzern ausgestattet sein.

Es wäre eine Illusion zu glauben, dass arbeitslose Soldaten - obwohl Kriegsgefangene ja meist fehlen, da umgebracht – auf der gleichen Stufe wie die unteren Untertanen ihrer Herrscher stünden und mit diesen gemeinsam den Pflug ziehen könnten. Solche Wahnsinnsideen, die vielleicht in Pilzzeremonien aufkeimen, werden aus Vernunftgründen von oben schnell unterbunden. So müssen die wenigen arbeitenden Untertanen, zu denen auch die zu Wehrsoldaten aufgestiegenen Bauernsoldaten gehören, die viel zu vielen Soldaten im ganzen Reich ernähren. Den weiter zu zahlenden Sold stehlen sich die Herrschenden in den Regionen gegenseitig weg, was eigentlich Krieg ist. So vergehen Jahrhunderte. Nicht nur das wird den Herrschenden zu teuer und nimmt ihnen zu viel weg für den privaten Wohlstand. Auch die vielen sprachlichen Missverständnisse, die völlig unnötigen Höflichkeitsfloskeln, die Widerworte, das ständige Wiederholen und Verteilen von Befehlen in der richtigen Reihenfolge, die Feste und Orgien verursachen Aufwand ohne Ende.

An dem einen Tag, an dem einmal richtiger Frieden ist, werden es die herrschende Adeligen und ihre ebenfalls durchgängig bezahlten Feldherren überdrüssig, so viele Soldaten für die Kriegsausführung zu unterhalten. Diese sind nur einfach da, ob nun etwas passiert oder nicht.

Vor diesem Hintergrund nähren Berichte über gute Erfahrungen mit Affen eine Idee. Weiße Affen finden nicht nur gute Verwendung, um den Herrschaften bei der Zeugung von Nachkommen zu helfen, so dass dann in manchen Höfen Affenwesen den Thron besteigen. An manchen Höfen hält man sich Affen jeder Fellfarbe auch zur Unterhaltung. Einige Affenführer haben jene so gut dressiert, dass sie in roten Kleidern auf Ziegen reiten und fast zu Menschen werden. Sie reagieren dann gut auf körperliche Zeichen und tun, was man will. Affen sind zwar anspruchsloser als Menschen, aber Affendamen muss man ihnen regelmäßig zuführen. Gesagt, getan! Die teuren Soldaten werden massenhaft durch billige Affen ersetzt, denen man sogar die alten Soldatenkleider aus Büffel- und Rhinozeroshaut anziehen könnte. Wer ahnt es nicht! Die althergebrachten Krieger werden jetzt auch in dem Sinne arbeitslos, dass sie nichts mehr zu beißen haben, und wandern aus. Sie suchen sich Länder aus, in denen keine dressierten Affen leben. Dort müssen die Ausgedienten - vielleicht nach einer Übergangszeit als Schmarotzer zur Sicherung von eigentlich überflüssigen Palästen - nur auf den nächsten Krieg warten.

56. Geschichte: Der bewegungslose Reiche

Kaiser Wa-lan weiß nicht, warum er reich ist. Er hat diesen
Zustand geerbt. Er hungert nie. Braucht er etwas, kauft er
es sich einfach. Er muss dazu noch nicht einmal selbst
einkaufen. Er klatscht einfach in die Hände, und ein Diener
eilt devotisch herbei. Dieser Sklave erfüllt, ohne zu murren, jeden Auftrag. Vom vielen Befehlen wird Wa-lan
allerdings immer dicker und fetter. Jetzt erst erinnert er
sich wieder an seinen Großvater K'üan-kü. Dem hat auch
alles gehört, Dinge und Menschen, Gesetze, alles zum
Leben und Sterben. Als Wa-lan ganz klein gewesen ist, hat
der Großvater ihn gewarnt: „Du kannst alles, daher willst
Du alles und darfst Du alles. Du kaufst Dir Deine Gesetze.
Eines darfst Du aber nie tun, nämlich zu bequem werden.
Deswegen bewege Dich, stähle Deinen Körper regelmäßig!" Wa-lan sieht das alles ein. Aber, er liebt das Nichtstun. Er bleibt daher lieber sitzen. Irgendwann müssen seine
Untertanen ihn ins Bett tragen. Allein schafft er es nicht
mehr, seit er fast 1 Last wiegt. Aber es vergeht nur noch 1
Jahr. Dann stirbt er an seinem Reichtum.

Was kann der edle Vernünftige daraus lernen? „Jeder
Mensch kann nur drei Mal am Tag essen."

57. Geschichte: Heilige Hunde

Einst besucht ein frisch verheiratetes Pärchen das Dorf Tan. Die Tochter des Dorfältesten verliebt sich in den jungen Mann, der ja vergeben ist. Sie findet sich nicht damit ab und sinnt nach Rache. Sie lässt daher einen großen Ballen mit teurem Tee in das Zimmer des Ehepaars schmuggeln. Gleichzeitig meldet sie den Dorfbewohnern, die nebenher wie Polizisten arbeiten, die Tat. Sie haben den Dieb, der keiner ist, schnell gestellt. Er wird zum Tode verurteilt. Der Henker will ihn einen Kopf kürzer machen, doch das Beil gleitet jedes Mal aus oder bricht am Nacken ab. Aufgeregt rennen die Leute zum Dorfältesten, der gerade mit seiner Familie über zwei gebratenen Hunden sitzt. Er will diese Geschichte nicht glauben, lacht sogar überlegen und sagt: „Ihr glaubt doch wohl nicht an Geister." In dem Augenblick werden die gebratenen Hunde lebendig, springen vom Essenstisch und rennen bellend davon. Geschockt lässt der Dorfälteste einen großen Käfig im Dorftempel aufhängen, in dem ein weiblicher und ein männlicher Hund leben sollen. Diese Sitte besteht seit 1000 Jahren.

58. Geschichte: Der Kaffeetrinker

Hat man kein Land in der Nähe erobert, muss man sich anders helfen. Po-tsiang hat Jesuiten-Mönche kennen gelernt. Diese haben zwar nicht erst gelebt und sind dann gläubig geworden, sondern haben eigentlich nie richtig gelebt. Aber sie trinken zumindest gern Kaffee, den sie sich je nach Bedarf aus ihrer Heimat schicken lassen. Dafür schicken sie hin und wieder Tee über See nach Hause. Po-tsiang ist so angetan von dem neuartigen Getränk, dass er keinen Tee mehr trinken möchte. Damit stellt er sich zwangsläufig gegen alle Dorfbewohner. Ungehalten und laut sagen sie nur eines: "Du lagerst ja den Kaffee neben dem grünen Tee, den alle zum Trinken und als Heilmittel zur Lebenspflege bevorzugen. Der verändert sich ja dann zu seinem Nachteil."

Erst beschimpfen sie ihn, dann meiden sie ihn völlig. Po-tsiang wird daher immer einsamer. Er wäscht sich nicht mehr, sein Zopf wirkt ungepflegt, er isst unregelmäßig. Als Haarpfleger verliert er alle Kunden. Nach einer gewissen Zeit stinkt er selbst für die Verhältnisse damals so, dass ihn die Dorfbewohner aus dem Dorf werfen. Er flieht in den Wald und baut sich ein Baumhaus. Dort lebt er vor sich hin und trinkt weiter Kaffee, so weit der Vorrat reicht, er ihn gegen Geld oder andere Tauschmittel beschaffen kann. Bald steigt er nur noch sehr selten vom Baum herunter. Seine Notdurft macht er fast nur noch von oben. Den Baum verlässt er nur, um etwas Essbares zu finden und am nahen Bach zu trinken. Irgendwann kann er sich keinen Kaffee mehr leisten. Er stirbt, wie zu erwarten, elend.

Nach seinem Tod befallen seltene Schädlinge die Teeplantagen, so dass sie eingehen. Irgendwann wächst in der Umgebung kein Tee mehr. Er müsste teuer eingeführt werden. Daher beginnen die Dorbewohner, bei den Jesuiten Kaffee zu kaufen und zu trinken, solange der Vorrat reicht und die Missionare es wollen. An Po-tsiang erinnert sich keiner mehr.

59. Geschichte: Haus der Methode

In einem großen tempelartigen Haus in Fa-miao leben viele Priester. Sie reisen durch das ganze Land und geben Ratschläge, die manchmal keiner hören will. Mehr können sie nicht. Ein Oberpriester leitet alles. Eines Tages reisen drei Priester in das Dorf Ts'un-chui, das viele Probleme hat. Die Bauern bauen zu wenig Reis an und zahlen daher zu wenig Steuern. Darüber macht sich die Leitung des Dorfes Sorgen, die dem kaiserlichen Steuereintreiber nicht auffallen will. Sie holen die Priester herbei. Diese schauen sich kurz sachkundig um und wissen sofort Bescheid. Sie pinseln sich Einiges von dem auf, was sie zu beobachten glauben, und versprechen dem Dorf, ihm die Lösung bald zu schicken. Einen Monat später bringen mehrere Boten einen dicken Bericht mit vielen, zum Teil schwer zu verständlichen Vorschlägen und einer umfangreichen Rechnung in das Dorf. Ratschläge sind z.B., keine trächtigen Schildkröten mehr zu kochen oder den kühlen Freund im Winter im Kasten zu lassen. Die Dorfleitung muss dennoch zahlen. Wen sollten sie sonst um Rat fragen! Wieder einen Monat später trifft ein weiterer Bericht aus diesem Tempel mit ähnlichen Vorschlägen und einer weiteren Rechnung ein. Die Dorfleitung versteht die Welt nicht mehr, handelt aber nicht. Wieder einen Monat später kommen eine Erinnerung und ein dritter Bericht mit Rechnung. Daraufhin entschließt sich die Dorfleitung endlich hinzureisen und sich zu beschweren.

Nach wochenlanger Prüfung stellt sich dort heraus, dass der Oberpriester Luan-ching-li zu viel Opium raucht und zu viel Reiswein trinkt. Fast blind vor Betäubung hat er alle Sendungen mehrfach unterschrieben und veranlasst. Die an der Beratung beteiligten Priester haben sich allerdings untereinander nicht verständigt. Vielleicht sind es auch zu viele gewesen, so dass sie sich in dem zu großen Tempel weder gefunden, noch zufällig begegnet sind.

Die Dorfleitung wird wohl nie wieder auf die Idee kommen, sich beraten zu lassen, und wird diese Löwengesellschaften meiden. Da ist sie besser dran, als der Kaiser, der denen gegenüber, die eigentlich entscheiden, höchstens ein paar Vorschläge zur Abänderung von Strafen vorbringen darf.

60. Geschichte: Der Wunderheiler

Fu-ta-tze ist ein gebildeter Arzt. Er hat schon viele Tiere mit seinen Wundern geheilt. So ist es ihm gelungen, wahnsinnige Schweine oder Kühe, die vergessen haben, Milch zu geben, wieder gesund zu machen. Jetzt ist der Zeitpunkt gekommen, sein Wissen auf Menschen anzuwenden. Er nutzt die Gelegenheit, als ihm eine Familie ihre kranke Tochter bringt. Diese sieht überall Gefahren und Menschen, die etwas Böses von ihr wollen. Unverständlicherweise fühlt sie sich in einer zentralen Diktatur überwacht. Oft schmeißt sie sich auf den Boden und schreit: „Ich will nicht mehr!" „Das haben wir bald", verspricht Fu-ta-tze den Eltern. Das sind einfache Obstbauern, die gerade noch ihren Dialekt sprechen können, und dann noch fehlerhaft. „Ich habe hier einen Fruchtkern der Pflanze „Süßer Himmel". Den werde ich zerstampfen, irgendwelche fein dosierten Metalle beifügen und mit heißem Wasser aufkochen. Den gebt Eurer armen Tochter drei Mal täglich zu trinken. Nach einer Woche wird alles vorbei sein."

Schon nach drei Tagen kehrt die Frau wieder zum Arzt zurück und bringt Mann und Tochter mit. „Was ist los?" fragt Fu-ta-tze erstaunt. „Mein Mann hat alles selbst getrunken und ist wahnsinnig geworden. Er redet jetzt irre." „Dann wirkt das Mittel doch", sagt der kluge Arzt. „Du musst nur noch warten. Inzwischen gebe ich Dir etwas für Deinen Mann, Dich selbst und noch einmal für Deine Tochter mit." Später hört Fu-ta-tze, dass auch die Frau wahnsinnig geworden sei. Da alle Familienmitglieder jetzt wahnsinnig sind, könnte sich höchstens jemand aus dem Clan bei ihm blicken lassen.

Jedenfalls hat das Mittel gewirkt. Der Wunderheiler ist froh, dass er die Bezahlung vorher erhalten hat.

61. Geschichte: Verkrüppelt gibt's nicht

Kaum zu glauben, dass ‚verwachsene' Kinder in die Abgeschiedenheit des Waldes fliehen müssten oder Familien sie dorthin ohne Aufforderung abschieben wollten.

Obwohl vollständig und gleichwertig in die Dorfgemeinschaft eingebunden, können es derartige Kinder dennoch schwer haben, wenn sie nur als Arbeitssklaven leben dürfen, damit die anderen nicht so allein sind.

Traditionen helfen, dass bei diesem Abstieg die Form gewahrt bleibt und sie alles wie warme Soße überdeckt. So trägt ein solches Kind zwar einen normalen Vornamen. Zusätzlich ‚brandmarkt' die Gemeinschaft dieses arme Kind aber ehrenvoll und ganz offen mit einem hässlichen Zweitnamen. So entstehen z.B. Erkennungszeichen wie „Krummholz", weil sonst ja nur Blinde den Buckel übersehen könnten.

Die einschlägigen Sitten verbieten aber leichtfertig dahin gesprochene Worte wie „Du taugst zu nichts" oder „Du kannst höchstens als Amboss für einen Schmied oder als Kaminholz gehen." Und dennoch passiert es unter Menschen. Wie jedes Kind macht sich auch Örh-Jao viel aus diesen Kränkungen. Er will daher nicht mehr leben. Und irgendwann schleicht er sich weg in den Wald, wirft ein Seil um einen dicken Ast, um sich zu erhängen. Als er gerade auf einem hohen Stein steht, um ans Werk zu gehen, springt ein Eichhörnchen aus dem hohlen Baum und sagt vorwurfsvoll: „Was bist Du dumm, Örh-jao! Du bist genauso viel wert wie jeder andere Mensch. Lerne lieber etwas. Folge den großen Gelehrten, die zu ihrem großen

Kopf einen umgedrehten Ameisenhügel tragen und doch geachtet sind!" Ab da lernt Jo-Lo alles. Er arbeitet sich langsam hoch zum Dorfschreiber. Nur eines bleibt ihm von seinem alten Leiden erhalten. Er traut sich nur, nachts zu arbeiten, damit man ihn nicht sieht. Vielleicht sollte er noch einmal mit dem Eichhörnchen reden.

62. Geschichte: Der schlaue Herrscher

Kaiser Ti-k'iao fällt plötzlich auf, dass alle so geschliffen reden. Auch widerspricht ihm manchmal die Dienerschaft. Er ärgert sich zunehmend. Irgendwann würde keiner mehr Steuern zahlen, damit er in Saus und Braus leben kann. Er will herausfinden, warum das so ist. Er schickt also zwei seiner vertrauenswürdigen Berater im Land rund. Außergewöhnlich, dass er Kanzler und Minister umgehen kann. Die Berater sprechen mit vielen, sehen viel und hören noch mehr.

Nach einem Jahr kehren sie an den Hof zurück. „Und?" fragt der Kaiser ungeduldig. „Was fragst Du so dumm", fragen sie zurück. Der Kaiser denkt: „Ich höre wohl nicht richtig. Die auch noch. Wem kann ich denn noch trauen?" Er verkleidet sich also, wenn auch nicht mit Frauenkleidern, und reist selbst in seinem Reich herum. In jedem Dorf entdeckt er dabei einen Laden, in dem Bücher verkauft werden. Er denkt: "Aha! So einfach ist das also." Er kehrt schnell an seinen Hof zurück und denkt nach: "Das muss aufhören, das ist klar. Ich brauche keine denkenden und lesenden Untertanen." Er ruft also seinen Kanzler herbei, dem er alles erläutert. Der ist zwar etwas verärgert über die Eigenmächtigkeit des Kaisers, kümmert sich aber um alles, weil Volksbildung ja auch ihm schaden kann. Nach längeren Sitzungen beauftragt er dann so viele Schreiber mit der Abschrift des neuen Gesetzes, wie es Gaue mit ihren lokalen Verwaltungen gibt. Dort müssen es die Verantwortlichen verlesen lassen. Ab sofort sind Erstellung, Verkauf und Lesen von Büchern verboten.

Zufrieden reibt sich der Kaiser die Hände. „Endlich Ruhe", denkt er. Was er nicht weiß, ist, dass jetzt alle Untertanen heimlich lesen, denken und sich treffen, um darüber zu reden. Irgendwann wird diese Pestbeule platzen. Aber, wann?

63. Geschichte: Der wirkliche Kampfstil

Kung Fu hat oberflächlich etwas damit zu tun, hart zu arbeiten, sorgfältig zu studieren und Geschicklichkeit zu üben. Das gilt für die Kunst ebenso wie für körperliche Aktivitäten. Anstatt also beim Yoga einzuschlafen, haben die Shaolin-Priester schrittweise gelernt, mit den 18 bis 72 Händen des Buddha zu reden, und das auch noch in 5 verschiedenen Tierstilen.

Ein Fischhändler im Dorf Ch'i-lüan heißt erst ‚Händler des stinkenden Fisches' und weiß von der Verbindung zum Leoparden, weißen Kranich, Tiger, Drachen und Schlange wenig bis nichts. Eines Tages stolpert er über eine dicke Wurzel. Diese bricht in der Mitte glatt durch. Das schiebt der Händler auf seine Kraft. Fortan sieht man ihn jeden Tag mehrfach körperliche Übungen veranstalten. Am Anfang ist diese Besessenheit noch nicht schlimm. Dann nennt er sich aber plötzlich irrtümlich K'ung-fu-tze und beginnt gegen Häuser zu treten. Die fallen aber, obwohl baufällig, nicht um. Auch will er mit der Handkante einen Stein durchschlagen. Das gelingt ebenfalls nicht. Er rennt auch vergebens mit dem Kopf gegen einen Balken, um ihn durchzuschlagen. Einmal springt er sogar einen großen, starken Bauern an. Er verfehlt ihn aber um einen Meter und stürzt einen steilen Abhang herunter in den nahen Fluss. Jedes Mal trägt K'ung-fu-tze erhebliche Verletzungen davon. Er gibt aber nicht auf. Täglich übt er. Und so sieht man ihn immer mit Verbänden an allen möglichen Körperteilen herumlaufen.

Obwohl er erfolglos ist und kaum den dreibeinigen Katzen-Kungfu beherrscht, macht er dann irgendwann eine K'ung-Fu-Tze-Schule auf. Kinder, Jugendliche, Erwachsene strömen zu ihm. Die meisten sind besser als ihr Lehrer, weil sie schon einmal in anderen Schulen gelernt haben und nur dem Irrtum verfallen sind, sich hier vervollkommnen zu können.

Trotzdem entsteht, was K'ung-fu-tze nicht verhindern kann, eine berühmte Kampftechnik, die sich im Land verbreitet. Hoffentlich erfährt er bald davon, um Körper und Geist ins Gleichgewicht zu bringen und Respekt vor dem Gegner zu gewinnen.

64. Geschichte: Vom Herrschen

Der Himmelssohn Chen-oh führt gern Gespräche mit Gelehrten. So bittet er eines Tages den jungen, aber schon weisen Shi-shih-tze, sein Gast zu sein. Er bewirtet diesen ausgehungerten Denker Tage lang sehr gut. Dazwischen reden sie viel. Shi-Shih-Tze treibt den Herrscher ganz schön in die Ecke. „Großer Herrscher, was macht Deine Herrschaft aus?" „Ich weiß, was ich will, kann entscheiden", antwortet Chen-oh. „Arbeitest Du selbst?" fragt S. weiter. C.: „Das brauche ich nicht, dazu habe ich meine Untertanen!" S.: „Welchen Lohn erhalten sie für ihre Leistungen, was bleibt ihnen?" C.: „Das hängt davon ab, was ich brauche. Und das ist viel!" S.: „Du beutest sie also aus." C.: „Sie zahlen freiwillig, weil sie mich lieben." S.: „Und wenn das nicht so ist?" C.: „Ganz einfach, dann schicke ich meine Soldaten aus und breche damit jeden Widerstand. Dann kehrt die Freiwilligkeit schnell wieder ein." S.: „Das willst Du also nicht ändern?" C.: „Nein, warum?" S.: „Wären Deine Untertanen nicht mehr Deine Untertanen, sondern würden mit Dir zusammen herrschen, würden sie Dich dann nicht wirklich lieben und achten?" C.: „Dann käme ich ja in Gefahr, abgewählt zu werden." S.: „Das wäre doch auch gerecht, damit der Nachfolger wieder alles richtiger und besser machen kann." Chen-oh schaut ihn jetzt mit großen Augen an, in denen es tigerartig gelb glimmt: „Du weißt sehr viel, Shi-shih-tze. Aber, die wahre Grundlage meiner Herrschaft kennst Du noch nicht." S: „Welche ist das denn?" Chen-oh antwortet nicht mehr. Er klatscht in die Hände. Diener kommen und werfen sich unterwürfig zu Boden. „Führt diesen Gelehrten ab und köpft ihn!" Zu Shi-shih-tze gewandt: „Du hast die Grenze überschritten, Du darfst jetzt zu Deinen Ahnen gehen. Ich danke Dir für das vorbildliche Gespräch."

Der Kopf, der später rollt, zeigt einen vor Staunen offenen Mund.

65. Geschichte: Wahrheitsfresser

Eine Gruppe von Männern ohne Zöpfe und Frauen mit langem Haar, beide mit an den Seiten aufgeschlitzten Gewändern, schreiten durch das Land. Sie verkaufen den großen heiligen Geist der Langnasen, obwohl sie gegen den buddhistischen Weihrauch aus dem Kanarienbaum keine Chance haben und auch zu den anderen zwei Lehren nicht passen. Sie sind sehr wortgewandt im Gespräch. Sicherheitshalber lesen sie dabei unaufgefordert aus einem großen dicken Buch vor. Sie nennen es wohl heilig. Sie müssen das; denn häufig wissen sie nicht mehr weiter. Kommt ein Einwand, zeigen sie mit gekrümmtem Finger geschwind auf irgendeine Stelle im Buch. „Du hast unrecht", ist ihr Reden. Die Seite, die sie meinen, finden sie sofort. Sie haben wohl alles auswendig gelernt. Schnell klappen sie das Buch immer wieder zu, wenn jemand hineinblicken will. Aber, wer kann hier schon lesen! Können sie es denn?

So fragt sie auch der junge Apfelbauer Lien-ming: „Warum soll ich denn an den großen heiligen Geist glauben? Geht es mir dann besser?" Da sagen sie: „Darauf kommt es nicht an. Wir wissen aber eines. Wenn Du daran glaubst, dass es dir besser geht, wird es Dir besser gehen." Lien-ming: „Wann ist das?" Sie: „Du musst geduldiger sein. Wir sind aber sicher (das steht im Buch auch), hier wird es nicht sein!" Lien-Ming: „Was heißt, hier nicht?" Sie: „Das wird da drüben in einer anderen unsichtbaren Welt sein. An die glauben wir, an die solltest Du auch glauben." Lien-Ming: „Schützt das auch vor Krankheiten und Missgeschick, bringt das Nahrung?" Sie: „Darauf kommt es nicht an. Aber, es kann sein, wenn Du es nur fest genug glaubst. Als Menschen entscheiden wir allerdings nicht, wann das der Fall ist."

Ehe Lien-Ming etwas sagen kann, stimmt die Gruppe einen markerschütternden Gesang an. Es muss die Musik weit aus dem Westen sein, die die Missionare in ihren Tempeln vorschreiben. Nur, wer singt, der glaubt, und umgekehrt. Wer nicht, ist nicht von Gott, wie sie sagen, sondern vom Gegenteil. Ihretwegen fliehen die Vögel, bellen die Hunde und verrammeln die Menschen ihre Hütten. Es ist ja auch nicht ihre Musik.

Lien-ming verschwindet auch, um nachzudenken. Dann hat er es und denkt: „Eigentlich haben diese Leute nur recht, indem sie uns sagen, wir hätten unrecht. Das sind doch Scharlatane, und die singen bekanntlich ja! Dafür sammeln sie auch noch milde Gaben." Er braut daher zu Hause listig einen wirkungsvollen Trank aus Kräutern und Wurzeln zusammen. Den schenkt er der Gruppe zum Dank für ihre guten Ratschläge. Sie bedanken sich dafür mit den Worten: „Welches Wunder schon wieder! Den Trank haben wir gerade zum Löschen unseres großen Durstes gesucht." Dann gießen sie den Trank in ihre Becher und trinken sie bis zur Neige leer. Sehr schnell spüren sie die erhabene Wirkung der Mixtur. Kaum auszuhaltende Krämpfe und Schmerzen beginnen, in ihrem Unterleib zu wüten. Bald müssen sie immer wieder hinter die Büsche laufen, um ihre wässerige und stinkende Notdurft zu verrichten. Der Pferdeeimer ist wohl unbekannt. Das geht ein, zwei Tage. Dann reisen sie überstürzt, obwohl geschwächt, ab ins Land der Jiao-tiao. Nicht nur Lien-ming ist froh, diese Wahrheitsverbreiter los zu sein.

66. Geschichte: Falsche Bewegung

Fu-jo träumt immer heftiger, dass er zu dick sei. Er ernährt sich also gesund und nimmt stetig ab. Dann reicht es ihm, und er hört auf. Da er aber nicht mehr zunehmen will, kommt er auf die Idee, jeden Tag 1 Stunde schwitzend durch den Wald zu laufen. Das geht nicht sofort, aber nach einiger Zeit hat er es geschafft. Er hält sein Gewicht. Die Dorfbewohner lachen allerdings über ihn. Sie finden sein Wollen zwar vorbildhaft, aber irgendetwas stimmt für sie nicht. Fu-jo trägt nämlich nur lange Gewänder ohne Schlitz an der Seite, in denen er sich bei zu großen Schritten ständig verfängt und über die er stolpert. Da das Laufen mehr zum Stolpern und Stürzen wird, ist der Körper von Fu-jo übersät mit Schrammen und Blutergüssen. Seltsamerweise kommt er nicht auf die Idee, seine Kleidung zu wechseln.

67. Geschichte: Der Kaufmann

„Meine Nüsse sind größer und schmackhafter, daher teurer, während die von anderen kleiner sind und schlechter schmecken", denkt und spricht der Kaufmann Herr Bargeld und macht so seine Geschäfte. Er verkauft immer mehr, Melonen, dann Obst jeder Art, Gemüse, Reis. Später kommt Getier dazu. Immer wieder kommt der gleiche Spruch, den nach der Tradition wenig angesehene Kaufleute beredt vortragen müssen. Jedenfalls zahlen die Kunden seinen Preis, was der Hof nicht immer gern sieht.

Das geht so lange gut, bis einige seine Sprüche zu überprüfen beginnen. Überrascht stellen sie fest, dass das, was Tso-mei-mai-te verkauft, im Vergleich zu anderen Händlern sogar schlechter und teurer ist. Daher lässt ihn der Großteil seiner Stammkunden eines Tages im Regen stehen. Er zieht darauf hin mit seinem Geld in die nächste Provinz. Er verbrennt kein falsches Purpurgras, sondern stellt das Geld über die Rechtschaffenheit. Kaufleute müssen eben immer Strohbüschel anbieten.

68. Geschichte: Vorschriften

Meng-lüan will endlich ein neues Haus bauen. Daher geht er zum Kreisleiter, um ihn um Erlaubnis zu bitten. Der schlägt erst einmal das große Bau-Buch des erhabenen Urkaisers Shih-ta auf und liest daraus planvoll eine Doppelstunde vor. Das großartige und durchdachte Edikt mit seinen legendären Urkunden macht Meng-Lüan so schwindelig, dass er alles Wichtige mitschreiben muss. Immerhin weiß er jetzt, was zu tun ist. Er geht nach Hause und setzt sich auf seine Bambusmatte vor seinem Schreibtisch und stellt einen Antrag. Damit hat er ganz schön zu tun. Mit dem Antrag geht er dann zu allen möglichen Familienmitgliedern, Kaufleuten, Arbeitern und Priestern. Deren Bestätigung benötigt er für das edle Vorhaben. Das dauert wieder sehr lange. Vor allem ist der eine auf Reisen und der andere krank. 12 Wochen sind seit seinem Besuch im Amt ins Land gegangen. Mit den Papieren oder besser Tafeln geht er dann wieder zum Dorfobersten. Der ist mit der Arbeit von Meng-lüan sehr zufrieden. Alles scheint vollständig zu sein. Als er aber alles weglegen und zur Teestunde einladen will, fällt sein Blick noch einmal auf die Formulare. Er hält sie sich immer wieder nahe vor seine Augen. Sein Blick versteinert sich. Mit Grabesstimme sagt er dann: „Ich kann den Bau nicht genehmigen!" Meng-lüan schreit auf: „Warum denn nicht?" „Da sind zu viele Rechtschreibfehler in den Papieren. Du hast manchmal 30 Striche für ein Zeichen verwendet. Es sind aber nur 28 seit der Vorschrift 15394 des Kaisers Hang-fen erlaubt."

69. Geschichte: Von der Sucht

Einfache Arbeit für die unteren Schichten ist zwar genug da, aber sie lieben sie nicht. Sie ist zu anstrengend und bringt zu wenig Geld. Ein Großteil geht an Steuern für die hohen Verwaltungsbeamten verloren, die sie zum Teil ja auch weiterleiten. Viele Arbeitende werden mit der Steuerlast nicht fertig. Wofür sollen sie sparen! Sie geben daher ihren Familien wenig bis nichts mehr und rennen lieber in die nächsten Opium-Häuser, die fast zu spät von außen eingeführt worden wären.

Dort entspannen sich die Arbeitsklaven rauchend im Liegen, bis sie ihr Gehirn nicht mehr spüren und auch sonst nichts mehr. Ihr Körper zehrt nach Jahren immer mehr aus. Die Arbeit wird noch anstrengender, und sie erhalten immer weniger Geld. Sie beginnen daher, ihre Nachbarn zu bestehlen, um rauchen zu können. Zwangsläufig haben sie immer weniger Opium zur Verfügung. Werden sie von der Polizei gefasst, wandern sie ins Gefängnis. Dort sterben sie bald an Entzugserscheinungen und andere nehmen ihre Arbeits- und Liegeplätze ein.

Wieder ertragen die Menschen aus dem Land der Nu-ning lieber Umwege, anstatt den Berg einzuebnen. Daher kommen am Ende nur mehr Gefängnisse heraus.

70. Geschichte: Vergebliche Liebesmüh

Yang-mei ist eine hübsche und gebildete Frau. Ihre Eltern kommen daher bei ihr mit ihrem Heiratskandidaten nicht durch. Ehre hin oder her. Sie flieht in die Kreisstadt. Wegen der vielen Feste will sie unbedingt Tänzerin bei einem berühmten Lehrer an einer Tanzakademie werden. Warum will sie das? Sie glaubt, nur dort einen stattlichen Mann finden zu können, der zu ihr passt. Er muss ihr vollständig gleich sein. Hier im Dorf findet sie nur abgebrochene Riesen, die nicht mehr zum großen Sprung ansetzen können und die sie daher nicht achten kann. Männer ihrer Vorstellung glaubt sie nur in der Stadt zu finden.

Sie ist fast schon 40 Jahre alt, als sie endlich den richtigen Mann findet. Er ist auch Tänzer und sieht stattlich aus. Er trägt sie auf Händen. Allerdings nur für 30 Tage. Dann bricht er sich bei einer schwierigen Tanzübung das Genick, zu der wohl die fremdländische Musik noch nicht gepasst hat. Seitdem lebt Yang-mei allein in ihrer Welt und träumt vor sich hin, vor allem von Schmetterlingen.

71. Geschichte: Land

Lou-poh hat sehr lange gespart, obwohl die Familie nur für die Oberschicht in ihrer Residenz hat arbeiten können. Die Familie hat sich fast nur Reis mit Gemüse und Obst geleistet. Noch nicht einmal einen kranken Hund. Nur Ginseng-Tee zum Durchhalten.

Als er genug Geld zusammen hat, geht Lou-poh zur Provinzverwaltung. Er will ein Stück Amtsland am Rande der Provinz kaufen, wie es die gleichmäßige Landverteilung nach Rangfolge vorsieht. Er ist voller Tatendrang. Er will sich nicht als Pächter unter einem Grundherrn, sondern als sein eigener Herr ausbeuten lassen. Er will ein kleines, günstiges Land mit seiner Familie Land urbar machen und bebauen. Für Vieh wird es nicht reichen, aber zur Not bleibt das Gartengelände. Seine Familie weiß davon nichts, aber er hat ja als Familienoberhaupt das Sagen. Nur ein paar ältere Männer im Clan fragt er um Rat. Nach Zahlung der üblichen Gebühren und Bestechungsgelder erhält er einen Vertrag von der für Landwirtschaft zuständigen Verwaltungsstelle. Die Familie bricht alles ab. Das wenige Hab und Gut, das sie angehäuft haben, laden sie auf zwei Karren, die sie selbst ziehen müssen. Sie brauchen daher 2 Monate, um ihr auserwähltes Land zu erreichen. Sie haben allerdings wegen des Mangels an Kartenmaterial fragen müssen, wo es genau liegt. Sie folgen der ihnen angegebenen Richtung und gelangen zu einem wunderschönen Landstück. Als sie sich gerade auf ihre neue Aufgabe zu freuen beginnen, müssen sie erfahren, dass schon zwei größere Familien ihr Land in Besitz genommen haben. Einfach so! Diese sind natürlich nicht besonders erfreut, Lou-poh und seine Familie zu sehen. Die Verwaltung hat ihn jedenfalls betrogen. Da die anderen Familien in der Übermacht sind, können sie Lou-Poh zwingen, ihnen seinen Vertrag abzutreten. Lou-poh kann es noch nicht mit ihnen aufnehmen. Er ist klug geworden. Hier ist kein Miteinander oder, wie die Schriftzeichen es bildlich darstellen, kein ‚Mensch-Zwei' möglich.

Lou-poh und seine Familie ziehen weiter, um ein ähnlich schönes Stück Land zu suchen. Das wollen sie einfach in Besitz nehmen. Dazu müssen sie sich aber noch verstärken. Dann können sie sich wie Turteltauben in einem Elsternnest breit machen.

72. Geschichte: Der Himmel

Der Gelehrte Kuei Tzu erläutert den Menschen viele Zusammenhänge von Dingen und Menschen. Das verstehen sie erst kaum, eigentlich geht es an ihnen vollständig vorbei. Sie haben bisher ja vor allem arbeiten müssen, um zu leben. Erst Jahre später haben sie immerhin verstanden, dass es um die geistige Vervollkommnung geht. Das hat Kuei Tzu Himmel genannt. Das Gegenteil ist nicht so schlimm, dass die Menschen es Hölle hätte nennen können. Diese besteht einfach darin, dass man den Himmel durch eigene Anstrengung nicht oder noch nicht erreicht hat. Es kann oft ein ganzes Leben lang dauern, bis man Bescheid weiß. Manche kommen nie zu ihrem Himmel. Ehrfurcht, Bescheidenheit, Demut, Wahrhaftigkeit sind möglicherweise Mittel dazu. Ohne Ehrfurcht gegenüber der eigenen Geschichte, den Ahnen, geht nichts. So hat jeder, ob er nun Arbeit hat oder Geld, immer viel zu tun, um in den Himmel zu gelangen. Jeder in seinen eigenen. Ob man es schafft, liegt an einem selbst. Götter sind auch irgendwo, sie sind dafür aber nicht zuständig. Sie haben nichts mit dieser Selbsterziehung zu tun. Die Menschen stellen sich aber nicht gegen ihre Götter, selbst wenn sie nicht da wären. Sie achten sie vorbildlich, wenn sie den Ablauf nicht stören.

Diese ganze Lebenskunst ist nur entstanden, weil Kuei Tzu keine Schuhe mehr hat besohlen wollen und offensichtlich zu viel Zeit zum Nachdenken hat gewinnen können.

73. Geschichte: Hundestille

Der Kaiser Mih-hung ist mit vielen Hunden aufgewachsen. Fast liebt er sie mehr als Menschen, wenn ein Kaiser überhaupt jemand anderen lieben kann außer sich selbst. Eines Tages sitzt er wieder entspannt in seinem riesigen Garten und trinkt grünen Tee. Ihm fällt auf, dass weder in seinem Palast, noch in seiner Umgebung Hundgebell zu hören ist. Er fragt seine Berater, warum da so ist. Sie untersuchen alles genau und kommen zum Ergebnis, dass alle Hunde weg sind und der Hundezüchter, ein Eunuch, geflohen ist. „Wo sind sie hin?" fragt der Kaiser erwartungsvoll. „Verspeist, alle!" antworten die Berater. „Das muss nicht sein. Holt so viele Hunde herbei, dass ich sie wieder deutlich hören kann. Ich langweile mich sonst bei der Stille." Seine Diener beschaffen Tausende von Hunden, die den Park und die Dörfer ringsumher wieder füllen. Der Kaiser kann sich daher wieder so wohl fühlen wie vorher. Man fragt sich nur, wie lange noch.

74. Geschichte: Rat ohne Besenstiel

Nach Erzählungen weit im Westen hat es wohl einen Hexensabbat auf dem Gipfel eines Berges gegeben und sind wohl nicht wenige wunderliche alte Weiblein als Hexen auf dem Scheiterhaufen gelandet. Angeblich haben sie so enden müssen, weil sie sündhaft und daher vom Sexual-Teufel besessen gewesen sind. Der hat hier einen Fuchsschwanz. In Wirklichkeit sind nicht sie, sondern nur ihr Besitz im Wege gewesen. Daher sind sie unter den Hexen-Hammer gekommen.

Die Leute aus dem Reich Chan-kuoh, denen Besitz irgendwo hinten vorbeigeht und dafür keine Sprüche aus dem Jenseits benötigen, stören alte, Erdbeben erahnende und eulenartig aussehende Weiber dagegen wenig. Wunderlich sind sie schon, aber nicht ekelig. So trägt hier eine typische ‚Hexe' grundsätzlich Kleidungsstücke, die nicht zueinander passen. Das Kleid ist zu lang und dafür die Jacke zu kurz oder umgekehrt. Der Hut ist einfach-blau und das Kleid grün-gepunktet. Sie fahren auch nicht mit einem Besenstiel durch die Luft, sondern sind so plötzlich da, wie sie weg sind. Ein bläulich-weiß-nebeliges Leuchten ist ihr Markenzeichen.

Auch der jeweilige Herrscher steht auf Hexen, wenn sie den richtigen geistigen Rat für die Mächtigen herbeizaubern. Bei aller Vernunft brauchen die beteiligten Rangklassen eben ein paar Auskünfte über die Zukunft. So kann der gesamte Kronrat eine Hexe fest für sich engagieren, wenn er nicht mehr weiter weiß, d.h. zu wenig für sich einnimmt. Er muss eben wissen, wie viel das ausgleichende Steuereinheitssystem den Untertanen zumuten kann.

Das, was eine Hexe mit Namen ‚Hühnerei' dazu gesagt hat, hat daher Methode: „Du musst nur eins beachten: Sie müssen so viel behalten, wie sie zum Essen und Trinken benötigen." „Und wie viel ist das?" hat der Kronrat gefragt. „Ein durchschnittlicher Untertan braucht zum Leben etwa zehntausend Mal weniger als jeder einzelne von euch!" „So viel noch!" haben die Regierenden gejammert. Innerlich denkt seitdem der ein oder andere bei sich, ob sie sich nicht bald eine andere Hexe zulegen sollten. Ihre jetzige ist zu anspruchsvoll. Die Perle des Drachen, die sie benutzen darf, hilft offensichtlich nicht.

75. Geschichte: Provinzen gewinnen

Eines Tages haben die streitenden Einzelstaaten mit ihren Möchtegern-Herrschern, aufstrebenden Herzögen, Fürsten, Baronen die Nase voll von zermürbenden ‚Kriegen', vom Auf und Ab der Siege und Niederlagen. Zudem werden die Kriegsführenden ja angeheizt durch freigesetzte Gelehrte, von denen jeder seine Alltagsphilosophie hat. Mit diesem Irrglauben konkurrieren sie untereinander. Die einen sehen im Rückzug aus der Welt und in der Harmonie mit der Natur einen Weg. Die anderen glauben an das Gute im Menschen, Staat, Menschenliebe, Gerechtigkeit, Würde. Andere glauben an das Böse, was wiederum andere Gleichheit schimpfen. Selten findet man einen Irrglauben in die Mitte. Seltsamerweise geschieht das nur einmal. Da setzt einer aus dem braunen Hinterland auf brutale Macht, und eine blühende Diktatur mit einem ausgearbeiteten Strafkodex obsiegt und garantiert den Tod vieler Menschen.

Außer dem Wettstreit falscher Ideen gibt es auch andere Lösungen. Noch vor Shih-huang-ti erfinden daher die ermüdeten und einfallslos gewordenen Kriegsparteien ein Brettspiel aus Holzklötzen mit Figuren, eingezeichneten Staaten und verschiebbaren Grenzlinien. Zu diesem Spiel treffen sie sich abwechselnd da und dort in ihren Palästen. Die Zusammenkünfte begleiten ausgiebige Feste und Orgien, so dass immer wieder Verzögerungen im Spiel eintreten. Unter Umständen kann sich daher ein Spiel bis zu einem Jahr hinziehen.

Es ist kein normales Spiel. Das hätte nämlich zum Ziel gehabt, mit Kriegsmitteln, Ratgebern, Geistern, allen Schichten des Volkes, Magiern und Alchimisten und geistigen Führern im Rahmen von zerbrechlichen Koalitionen so viele Lehnstaaten zu erobern wie möglich. Grundlage wäre gewesen, dass jedes einzelne Grüppchen nach seinem Vorteil sein eigenes Süppchen gekocht hätte. Was jeder dabei hätte glauben können, wäre nicht so wichtig gewesen. Solche Spiele wären das Abbild des wirklichen Lebens und seiner Ordnungsmaßnahmen gewesen.

Das neue Spiel verlangt das Gegenteil von all dem. Es ist daher ein sehr schweres Spiel. Die Abrechnung erfolgt am Ende durch einen unabhängigen Richter nach völlig anderen Maßstäben. Es gewinnt nämlich der Heerführer, der - bei Abzug der eigenen Verluste und Nachteile - die wenigsten Gegner besiegt, die wenigsten Lehnstaaten erobert und die wenigsten Menschen getötet hat.

Es ist nicht überliefert, ob dieses Spiel, das die Wirklichkeit auf den Kopf stellt, irgendeine Wirkung auf das Verhalten der Anführer gehabt hat.

76. Geschichte: Falscher Name

Alle, die sich für besser, größer, auserlesen halten, sind von sich ziemlich überzeugt. Sie feiern sich gern selbst laut im dunklen Wald. Auch der Kaiser Shu-t'an lässt zu diesem Zweck eines Tages viele Wandtafeln und Wandkalender herstellen. Sie sollen im ganzen Land aufgehängt und verteilt werden. Damit soll verhindert werden, dass das Volk seinen Geburtstag vergisst, den dieser Kaiser offensichtlich verraten will. Überflüssigerweise sind jene mit einem Porträt, den letzten Errungenschaften und den Alltagssprüchen des Kaisers versehen. Das ganze Land wartet schon darauf.

Als nun der erhabene Geburtstag des Kaisers naht, durchfährt die unmittelbar Beteiligten ein herber Schreck. Sie sind fast starr und gelähmt. Die Beteiligten müssen feststellen, dass der Name des Kaisers falsch geschrieben worden ist. Irrtümlich steht auf den Aushängen Shu-nieh. Das ist ausgerechnet noch ein sehr beliebter Kaiser gewesen, dem der jetzige das Wasser nicht reichen kann. Der ist sprachlos, als er das erfährt. Einige werden sofort geköpft. Dann beginnt man die Schuldigen zu suchen. Das ändert nichts, ist aber erforderlich in einem Staat. Shu-t'an muss irgendwie handeln. Er entscheidet sich daher, an diesem seinen Tag eine nicht aufschiebbare Inspektionsreise unternehmen zu müssen. Das fällt ihm zwar schwer, aber das Gesicht fällt ihm so nicht herunter.

So bleibt dem Volk die überflüssige Feier für einen unwichtigen Menschen an einem unwichtigen Tag erspart.

77. Geschichte Seltsame Tongefässe

In Wan-pei-ch'ao lebt ein Mönch, der mit den heiligen traditionellen Lehren nichts mehr anfangen kann. Er hat etwas Ungenaues vom dicken Buddha gehört. Vor allem, dass dieser nicht arbeitet, sondern nur lachend da sitzt, überzeugt ihn. Diejenigen, die der Mönch kennt und die ihm nicht entgehen können, kann er allerdings nicht von dieser Lehre überzeugen. Die müssen nämlich arbeiten, um einen großen Teil ihrer Erträge als Steuern dem ehrwürdigen Kaiser Min-jao zu zahlen. Faulheit liebt dieser Himmelssohn ja nur bei sich selbst. Das ist eine sinnvolle Betätigung, die ihn ganz ausfüllt. Als er von dem faulen Mönch Seng-Yüan hört, wird er daher wütend. Er lässt ihn aufspüren und zu ihm hinbringen. Das stört den Mönch nicht, denn so muss er wenigstens nicht selbst gehen. Er wird im großen Saal dem Kaiser in angemessener Distanz vorgelegt. Der sitzt dort oben auf einem Podest und tut so, als ob er nichts mit bekommt. Er spielt nicht Schach, sondern mit seinem Abendbrot, einem dicken Hund.

Nach einer Weile erhebt sich Seng-yüan tatsächlich und schlendert ohne Aufforderung langsam auf den Herrscher zu. Er bleibt vor ihm stehen, schaut herum und macht vor allem eines nicht. Er fällt nicht vor dem Kaiser unterwürfig in den Kotau. „Zeige endlich Deine Achtung vor mir", schreit der Kaiser ihn plötzlich an und läuft rot an wie ein Hummer. „Ich kann nicht, das wäre gegen meinen Glauben." Da klatscht der Kaiser in seine Hände und befiehlt seinen Dienern: „Legt diesen Ungläubigen in den Kotau und fixiert ihn!" Drei Tage halten Diener Seng-yüan in dieser Stellung fest und wechseln sich dabei ab. Der Kaiser muss gar nicht dabei sein. Es bleibt ohnehin sein Haus, dessen Namen man flüstert. Nach drei Tagen ohne Essen und Trinken ist der Mönch nicht mehr so rund wie vorher. Als er wieder beim Kaiser erscheint, wirft sich Seng-yüan freiwillig auf den Boden. „Wie geht es Dir, guter Mönch?" „Mir geht es wieder gut, ich habe nur Hunger und Durst, erhabene kaiserliche Hoheit." „Sollen wir mit der Erziehung fortfahren?" „Nein, das ist nicht notwendig, ich bin schon fertig, ehrwürdiger Himmelssohn." „Woran glaubst Du nun?" „Nur noch an Dich, o mein großes Vorbild." „Dann darfst Du jetzt essen und trinken. Verschwinde, ich will nichts mehr von Dir hören." Da führen ihn die Diener in einen Nebenraum. Dort bewirten sie ihn mit einem Teller ohne Boden und einem Becher mit vielen Löchern. Völlig fertig wankt der dünne Mönch nach Hause, wo er erschöpft einschläft. Er wird schwach und krank, so dass er sich nicht selbst Nahrung beschaffen kann. Keiner hilft ihm, da man ihn ja für einen Anhänger Buddhas hält und diese Lehre noch nicht umgeschrieben ist. So stirbt er bald elend als ein völlig dünner Mensch im Liegen.

78. Geschichte: Verwaltungslöcher

Die bekannte Ur-Krankheit greift einmal mehr um sich. Unkontrolliert wird alles, was nicht funktioniert, verschlechtert. Menschen, die ihre Mitte verloren haben, nennen dies Reform. Sie wütet wieder einmal in allen Herrschaftsgebieten des reichen Landes fern seiner Mitte. Alle hohen Adeligen und Würdeträger sowie ihre Beamtenapparate kämpfen um die gelehrten Ratschläge der besten Edelleute und Priesterschreiber. Jahre gehen ins Land, bis jeder - nach vielen Ablenkungen - seinen Vorschlag fertig gestellt hat. Das ist so, also ob sie wie Bauern so lange auf Hasen warten, bis diese gegen einen Baumstumpf gelaufen sind und tot eingesammelt werden können.

Der kaiserliche Kanzler Kua-jou (weicher Kürbis), der erhabene Sohn des immer nahen Himmels, lässt dann alle klugen Ratschläge, wahnwitzigen Ideen, Wirklichkeitsverzerrungen einsammeln und schichtet sie erst einmal ungeordnet in einer Ecke des Palastes auf. Ein Harmoniestab, der sich mit dem Planen von Zufällen auskennt, soll daraus unter Aufsicht des Kanzlers den großen Entwurf basteln. Das Gremium besteht aus vielen völlig zu Ehrwürdigkeit vergreisten Ministern und betagten Beamten aus dem „Hohen Haus ohne Erleuchtung". Nach weiteren 3 Jahren ist der Reformentwurf fertig. Allein die Einhaltung der Teezeremonien sowie des musikalischen und menschlich-anspruchsvollen Begleitprogramms hat dabei viel Zeit verschlungen. Auch haben die geistig Schaffenden zwischendurch Sternenbilder wie das des großen inneren Schweinehundes deuten müssen. Viele Wanderungen durch unwegsames Gelände zu den letzten Berggeistern und Eremiten aus der Urzeit des Wandels haben ebenfalls viel Zeit gekostet. Das Schreiben und mehrfache Umschreiben des 4000 Tafeln umfassenden Berichts verschlingt dann noch einmal 2 Jahre. Schließlich muss zwischendurch der Kaiser der Form halber gefragt werden. Immerhin hat dieser schon weise entschieden, die Zeichen auf den Bambustäfelchen nicht auf Seidenbahnen umzupinseln. Dann werden umwälzende Maßnahmen in einer Reihe schwerwiegender Feiern erdacht und verabschiedet, unterbrochen von langen Aufenthalten in den „Seelenhäuschen." Wieder drei Jahre. Zur Überraschung vieler, die die Geflogenheiten immer noch nicht kennen, und natürlich der ewigen Idealisten, die noch an das Gute im Menschen glauben, benötigt die eigentliche spürbare Umsetzung des Reformkonzepts nur einen Zeitraum von etwa 1 Jahr. Darin sind schon Korrekturen zur Verhinderung von Schlimmerem enthalten. Die Jahrhundertreform, von der das ganze Land schon lange geträumt hat, umfasst im Einzelnen:

- Änderung einer Überschrift in den allgemeinen Verwaltungsvorschriften des Handbuchs der politischen Unsittenlehre (das Pu-li-chi der „alten Sackgassen")
- Beseitigung von drei unwichtigen Schreibfehlern
- Verheiratung zweier verfeindeter Familien durch den Sekretär des Verwandlungsministeriums „Ehrwürdig-Heiliges Chamäleon"
- Prüfung und Anpassung der traurigen Wirklichkeit an die in den Verwaltungsvorschriften beschriebenen gut ausgestatteten ehrenvollen Positionen
- Neu-Regelung des Bestechungswesens (Li Sa-Xen)

- Verteilung des bitteren Restes nach dem Prinzip je älter, ärmer, kränker, ungebildeter und widerspenstiger um so weniger
- Abrundung des ganzen durch die Grundsicherungslehre „Besser Diener bei einem Rossarzt als Betteln."

Mit einem großen Feuerwerk wird das Jahrhundertwerk dann gefeiert. Das durch hohe Steuerlast geknechtete und ungebildete Volk, vor allem Bauern, Arbeiter, Handwerker, kleine Kaufleute und geringfügig-randständige Berufe, darf auch mitfeiern. Wer ist schon gern bei seiner eigenen Beerdigung abwesend. Der Kaiser kann allerdings nicht mehr teilnehmen. Er stirbt vor Überarbeitung und überlässt damit alles Weitere dem Meer der Verwaltungslöcher, in denen die Arbeit unaufhaltsam für immer verschwindet.

79. Geschichte: Der Filter

Der Bauer T'u-hao wird nie Direktor für die Landwirtschaft werden können. Er darf aber, sofern er sich überhaupt nach 30 Jahren Feldarbeit och aus gebückter Stellung aufrichten kann, zur Entspannung gerne Sternenbilder beobachten und lesen. Das hat er von einem bekannten Missionar gehört. Der kann zwar seinen Glauben nicht verkaufen. Er verfügt dafür aber über astronomisches Wissen. So weit würde T'u-hao wohl nie kommen.

Eines Tages fällt dem Bauern dennoch während des schweißtreibenden Pflügens eine wichtige Vorrichtung ein. Das Gerät ist eine Art Filter. Setzt er den Filter auf seine Augen und beobachtet damit den Sternenhimmel, entdeckt er zu seinem Erstaunen einen völlig anderen Himmel als den bekannten. So entdeckt er eines Tages die Sternenbilder einer Gruppe heiliger Ratten, Schweine und brennender Dschunken.

Er will seinem Filter kaum glauben, aber es ist so. Irgendwann beginnt er, den Filter auch im Alltag zu tragen. Alles verändert sich in seiner Umgebung genau so wie vorher am Sternenhimmel. T'u-hao schafft es sogar, Dinge und Menschen, die er nicht sehen will, ganz zum Verschwinden bringen. Er entschließt sich daher sehr schnell, nur noch den Filter zu benutzen.

Als er ihn nach ein paar Jahren probehalber absetzt, merkt er keinen Unterschied mehr zum Sehen ohne Filter. Also lässt er ihn gleich weg. Endlich hat der Bauer T'u-hao die Wirklichkeit, die er haben will und verträgt. Das macht ihn ruhig und ausgeglichen. Er wird dadurch auch weithin im

Land als Gelehrter so bekannt und anerkannt, dass er Almosen annehmen darf. Gleichwohl gehört er nicht zu den Gelehrten mit dem umfassenden Wissen. Denen hat der Kaiser schon mehr zum Leben gelassen. Die Nachfahren von T'u-Hao können allerdings das Dorf, wo er einst gelebt hat, nicht mehr finden. Sie sehen es einfach nicht.

80. Geschichte: Heirat

Endlich ist es so weit. Die traditionellen Vorschriften schlagen zusammen mit den Ahnen wieder unerbittlich zu. Der älteste Sohn Yü-ying muss ob dieser Ehre dankbar sein. Er bekommt endlich eine Frau aus einer angesehenen Nachbarschaftsfamilie über die Ehevermittlerin zugeführt, damit zwei Vögel, von denen jeder nur ein Bein, einen Flügel und ein Auge hat, endlich gemeinsam fliegen können. Er wünscht sich eine hübsche Frau, also eine ohne Mondgesicht. Kochen soll sie auch können und willig muss sie sein. Dazu gehört, dass sie in Gegenwart des Mannes nur auf Aufforderung sprechen darf.

Endlich wird die Frau von ihren Brüdern in einer Sänfte herangetragen. Diese ist auch erforderlich, weil ihre hübsch deformierten Goldfüße das Gehen doch behindern. Für Yü-ying sind die Füße ebenso wenig wichtig wie ihre abstehenden Ohren. Die würde er ja nachts nicht sehen. Er ist allgemein also zufrieden mit der Wahl. Ihren Namen wird er erst nach der vorgeschriebenen Zeremonie erfahren dürfen. Wahrscheinlich einen von irgendeiner bekannten Blume, verziert mit irgendwelchen belanglosen Eigenschaften wie süß, niedlich, zierlich.

Jetzt begrüßen sich alle Gastgeber und Gäste sehr höflich. Da es Hunderte von Verwandten, Bekannten, ehrwürdigen Nachbarn, angesehenen Verwaltungsbeamten und Adeligen sind, dauert die Begrüßungszeremonie allein drei Tage. Und das nur bei etwas Tee, Gebäck und Mandarinen. Trotz zunehmendem Hunger, Durst und Müdigkeit schaffen sie es dabei, immer noch kräftig weiter zu lächeln.

Dann kommt es endlich zur Hochzeitszeremonie. Braut und Bräutigam werden mit einem roten Tuch um Hüfte und Hände umwickelt. Der älteste Bruder der Braut muss jetzt den Hochzeitsspruch aufsagen. Den kurzen Text für einen einstündigen Vortrag hat er ein halbes Jahr geübt. Dennoch fällt der Bruder mittendrin in ein schwarzes Loch und ihm entfällt gründlich, wie es weiter gehen soll. Er stottert und schnappt nach Luft. Leider darf nach der Tradition keiner helfen. Er beschwört unter anhaltendem Magenknurren allerseits alte vergangene Götter wie den allgemeinen Hirsegott. Neue Götter sind nicht bekannt. Die alten Götter feiern aber gerade selbst und haben daher keine Zeit für Hochzeiten. Schließlich beraten sich die Ältesten, und man löst die Feierlichkeiten einvernehmlich und vorzüglich auf. Dann betet man noch zu den Ahnengeistern, und alle gehen einmütig auseinander. Essen und Reiswein lässt man endgültig kalt werden.

Die beiden Auserkorenen können jedenfalls nie mehr heiraten. Das ist so nicht üblich, denn sie haben sich ja schon gesehen. So wird auch Yü-ying diese unbekannte Frau nie als seine bekannte Ehefrau sanft mit dem Fächer über die Wange hauen dürfen. Nicht überliefert ist, wen und in welcher Reihenfolge Durst, Hunger und Schlafmangel unter den Eingeladenen hinweggerafft haben. Auch der einladenden Familie ist die Lust auf das Vorbereitete vergangen. Erschwerend kommt der Ehrverlust hinzu. Man muss also das Schlimmste befürchten. Ende ohne Ausgang, Anfang ohne Eingang.

81. Geschichte: Das Grab

Einmal stirbt, wie nicht anders zu erwarten, ein ehrwürdiger Alter. Er hat völlig runzelige, ausgetrocknete Haut gehabt und ist ausgezehrt und ganz sehnig gewesen. Tief gebückt und gekrümmt vor Arbeit ist er gegangen. Keiner hat gewusst, wie alt er wirklich geworden ist. Er hat auch vor lauter Schwerstarbeit keine Zeit gehabt, seine Jahre zu zählen. Er hat auch Narben von den Stockschlägen der Bambusträger des Kaisers zurückbehalten, damit der seine eigenen Straßen ungehindert hat befahren können. Als alleingestellter Tyrann muss man ja auch nicht mit dem Arbeitsschweiß der einfachen Bevölkerung in Berührung kommen.

Auf dem Familienacker bereiten die Großfamilie und Nahestehende die Bestattung des Alten vor. Da sie sehr arm sind, muss das Grab schmucklos bleiben. Es kann also kein eigener Palast dafür errichtet werden, in dem dann auch noch Platz für alle Konkubinen gewesen wäre. Einen Beerdigungssänger zu ihrer Belehrung können sie sich auch nicht leisten.

Während die Männer gerade mit Graben beschäftigt sind und die Frauen ein billiges Mahl in einem Familientontopf anrühren, läuft ein Bote auf den Acker. Der älteste Sohn Li soll schnell zu einem hohen Beamten in die Stadt kommen, der einen bestimmten Knopf am Band trägt. Der Knopfträger hat für Li Arbeit als Priesterschreiber. Würde Li dann möglichst viele denunzieren, käme er am Hof bald voran. Mehr weiß der Bote nicht. Li fühlt sich sehr glücklich und vor allem geehrt. Jedenfalls wirft er die Schaufel hin. Die

Familie verlässt geordnet den Acker, rafft ihr weniges Hab und Gut zusammen auf zwei Karren, verlässt ihr Bambushaus und bricht in die Stadt auf. Nach 1 Woche kommen sie dort an.

Als Li ein Jahr später selbst Vater und sogar Vater eines vollwertigen Sohnes wird, hat er die begonnene Arbeit auf dem Familienacker nach Erwachsenenriten fortzusetzen. Da er seinen Vorgesetzten bestechen kann und der König ohnehin auf der Jagd ist, kann Li sofort zurück in seine Heimat reisen.

Den Sarg haben inzwischen einschlägige Geister bewacht. Li setzt das Werk fort und gräbt eine ausreichend tiefe Grube. Dann schaut er sich noch einmal seinen stark veränderten Vater an, verschließt den Sarg, hievt ihn in die Grube und bedeckt ihn mit reichlich Erde. Dann spricht er ein ziemlich langes Gebet zu manchen Göttern. Alles ist jetzt in guter Harmonie. Die Generationenkette ist vollständig. Sein Vater und alle Ahnen können sich jetzt darüber freuen, vielleicht auch Geister wie die Gefiederten.

82. Geschichte: Frei

Es gibt Zeiten, in denen sich jeder mit jedem bekriegen muss. Es steigt bald keiner mehr durch, wer mit wem befreundet oder verfeindet ist, wer also auf dem Wagen fahren darf oder wer zu Fuß gehen muss. Mystische Pfeile, von Geistern gelenkt, fliegen dabei meist wie wild in der Gegend umher. Vielleicht kämpfen einige von denen, die die Ordnung wieder einführen wollen, auch gegen sich selbst. In diesem Fall zünden sie das Fett an den Schwänzen der Rinder an und treiben sie mit spitzen Waffen an den Hörnern in die falsche Richtung.

Jedenfalls verschwindet bei diesem Hin und Her ein Lehnstaat nach dem anderen. Viele Soldaten und Adeligen verlieren daher ihre Arbeit, Land und Position. Sie wissen nicht mehr, wovon sie leben sollen. Eine unglückliche Verbindung zwischen Nicht-Arbeit und Essen macht sich breit.

Viele Freigesetzte kommen zwar gleichzeitig auf die Idee, sich den erfolgreichen Machthabern als Berater anzubieten. Sie bilden aber kein unzerbrechliches Bündel von Pfeilen. Von da an hat jeder für sich nur eine Aufgabe: Nämlich Streits erfolgreich zu konstruieren, eng nebeneinander liegende Staaten gegeneinander aufzuhetzen und alles in Gang zu halten. So wiegeln die Berater erfolgreich jeden gegen jeden auf, bis sie selbst keinen Brotgeber mehr haben.

Keiner von ihnen will seine Heimat in Richtung Mongolei, Indien, Tibet oder noch weiter weg verlassen. Sie finden sich zusammen und einigen sich auf die Notlösung, dem

Vorbild des weise-verwirrrten und beim Reden ständig mit dem Kopf zuckenden Yü-ao Tzu zu folgen. Der hat auch schon vergebens dem K'ung-pi Tzu geraten, den Urzustand des Nicht-Handelns zu betreten. Daher denken sie sich irgendetwas geistig Höheres aus und ziehen sich fabulierend in Wald und Flur zurück. Ab da interessiert sie nur noch die Harmonie mit der Natur.

Nur manchmal noch kommen Beauftragte der verbliebenen Herrscher zu ihnen auf den Berg geklettert und bitten sie flehentlich, doch zurückzukehren. „Kommt zu uns, beratet uns, anstatt hier zu vergammeln. Bei uns und den anderen ist noch so viel in Ordnung, das auf die Unordnung wartet. Wir brauchen Euch." Derartige Weisen können darauf nur so antworten: „ Willst Du einen Tee?" oder „Gehe aus dem Licht!" oder „Nimm das Leben nicht so ernst" oder „Du armer Irrer hast nichts begriffen." Völlig fertig machen sich dann die Regierungsbeauftragten wieder auf den Heimweg, das Lachen der Eremiten im Rücken. Sie bringen bezeichnenderweise nichts mit als Unverständnis. Das ist, logisch betrachtet, mehr als nichts. Noch mehr wäre es, wenn sie wüssten, dass der Tausendfüßler noch zappelt, wenn er schon tot ist.

83. Geschichte: Abstieg

Wenn man nichts kann außer Schreiben und Buckeln, wird man zu einem öffentlich ‚Beatmeten.' Das hat den Vorteil, schnell voranzukommen, keine Steuern zu zahlen, sondern anderen abzunehmen. So geht es vergleichsweise häufig Kaufleuten, Handwerkern, Bauern, niedrigen Adeligen, Barbieren, Schauspielern, Dienern. Denen geht es manchmal so schlecht, dass sie sogar auf Schiffen um Arbeit nachfragen. Ein Barbier kann dort die langen Mähnen von Matrosen aus dem Westen so kurz wie die Haare von Mädchen schneiden, wenn er das Gewerbe angemeldet, dafür gezahlt hat und danach wieder so viel abgibt, dass ihm fast nichts mehr übrig bleibt.

Beamte gewinnen zusätzlich dadurch Zeit, dass sie alle anderen wie Feinde mit neuen komplizierten Vorschriften ärgern können. Das ist organisierte Verwaltung nach dem großen Prinzip der 5 Krankheiten: Bestechung zum eigenen Vorteil, Steuern gnadenlos eintreiben, staatliche Aufträge nur zum eigenen Vorteil jemandem zuschanzen, Veruntreuung nur im äußersten Notfall, wenn's keiner merkt, sowie ernten, wo andere gesät haben. Diese himmlischen Mandatsträger beherrschen sicher das Spiel der Intrigen am Hof. Sie sind der Apparat weniger Menschen gegen die Anarchie vieler, sie vertreten das Prinzip der Faulheit zu Lasten der Nicht-Herrschenden, sie fordern die Freiheit für alle zum Nachteil der meisten und pflegen gekonnt die erleuchtende Unvernunft von Staatswegen. Sie sind als Lauwarme für jede vorgegebene Ordnung und übernehmen dafür lieber keine eigene Verantwortung.

Öffentlich „Beatmete", also Parasiten im Pelz der Allgemeinheit, sind eine nicht-einmalige, immer gleiche, wenig denkende, ja sagende Variante von Mensch.

Auch T'ing-kuan kennt und befolgt jede Regel, Vorschrift und Sitte in seinem Bildzeichenbereich von 10 Radikalen oder Bedeutungszeichen. Ihn stört es nicht, Tausende von Bambustäfelchen auswendig zu lernen und sie zeichengenau anzuwenden. Vor allem macht es ihm Spaß, andere zur Einhaltung von sinnlosen Vorschriften, die er für sinnvoll halten muss, zu ermahnen.

So rund abgeschliffen, glaubt auch T'ing-kuan fest daran, in den Rängen der Hierarchie nach oben aufzusteigen und sich dort zeitlebens einzunisten. Doch eines Tages redet er anstatt 100 Mal am Tage seinen Vorgesetzten nur 96 Mal mit „ehrwürdig-erhaben-hochherrschaftlich" an. T'ing-kuan ist wohl an diesem Tag zu unkonzentriert, weil er am Morgen vielleicht keinen richtig zubereiteten Tee getrunken hat. Seinem gut geschulten Vorgesetzten, der wohl selbst den richtigen Tee getrunken hat, fällt jedenfalls diese ehrenrührige Abweichung auf. Es ist leichter, als die Zahl der Dämonen im Traum der roten Kammer anzugeben.

Seitdem darf T'ing-kuan nur niedere Tätigkeiten wie den Hof kehren oder die Latrinen reinigen ausüben, die es schon an der großen Mauer gibt. Damit findet er sich dankbar ab. Arbeit ist Arbeit. Jeder an seinem Platze.

84. Geschichte: Bestechung

Pferde machen sich vor allem massenweise breit, als die ersten Kavallerien aufkommen. Ein paar Pferde sind aber auch schon vorher im Gebrauch. Vielleicht haben sie ja die Mongolen oder andere Barbaren eingeführt. Wenige sind davon Tausendmeilenpferde. Sieht man von den Steuern ab, lebt der Handwerker Sien-Mien jedenfalls gut von der Herstellung von Zaumzeug, Sätteln und Steigbügeln nach den einschlägigen Vorschriften der Lederbehandlung. Er stellt sich so besser als ein eingemeindeter Nomade, der Pferde nur pflegen darf.

Vor den großen Pferden haben die gegnerischen Soldaten und damit deren Herren besondere Angst, wenn die Reiter oben sitzen bleiben. Das weiß auch ein fürstlicher Herr aus dem Heer des Feindes, der sich eines Tages zu Sien-mien schleicht. Ohne Hast, aber bestimmt legt er ein paar klingende Beutel vor ihm mit den Worten auf dem Boden. „Es soll Dir gut gehen, wenn die gefertigten Teile ein paar Fehler haben." Dabei spielt er genüsslich mit seinem Kurzschwert. Der Ledermacher bekommt Angst und vergisst die Prinzipien seiner Ahnen. Denen ist nämlich klar gewesen, dass alles Erschöpfte nicht mehr wiederhergestellt werden kann. „Was soll's", denkt er daher bei sich. „Stehe ich zukünftig dann auf der Seite des Siegers, komme ich noch mehr voran." Er nimmt also das Geld ohne Bedenken und beginnt, ein paar Fehler in das Lederzeug einzubauen. Das führt in der nächsten Schlacht zwar dazu, dass die Reiter seiner Heimat-Kavallerie reihenweise vom Pferd fallen oder rutschen. Die Gegner tragen aber insgesamt nicht den Sieg davon. Sien-mien steht daher auf der Seite des falschen Siegers, der ihn schnell köpfen lässt. Je besser geplant, desto härter trifft einen der Zufall.

85. Geschichte: Würdigkeit

Kaiser K'ing-moh hat seinem Vater auf den Thron folgen können. Mit zunehmender Amtsperiode vergisst er aber immer mehr, sich als Himmelssohn würdig zu zeigen. Die Harmonie ist ihm abhanden gekommen, ohne dass er es gemerkt hat. Er geht spät ins Bett, betrinkt sich bis zur Bewusstlosigkeit mit Reiswein oder treibt es bis zum frühen Morgen mit ein paar Konkubinen. Nach diesen Exzessen schläft er meist bis in den Nachmittag hinein. Wichtige Audienzen oder Staatsgeschäfte müssen daher auf einen späteren Zeitpunkt verlegt werden.

Das geht so weit, dass er noch nicht einmal erkennen kann, dass ein Walfisch auf dem Land hilflos Grillen und Ameisen ausgesetzt ist. Ein paar Beamte aus dem engen Kreis der hohen Durchblickenden übernehmen immer mehr seine Aufgaben. Er darf nur noch Papiere unterschreiben. Nach Jahren geht der maßgebliche Sekretär, der ein Eunuch ist, mit seiner Clique in sich. „Braucht man diesen Kaiser noch?" ist die große Frage. Die Clique kommt zu dem Schluss, sich einen neuen Kaiser aus dem Volk zu wählen. Daher arbeitet sie harte Auswahlkriterien aus, die sich streng nach der Lehre des inzwischen gescheiterten K'ung-pi Tzu richten. Sie wendet man auf tausende Menschen aus dem Volk an. Nach Jahren findet die Clique einen einfachen, bescheidenen Bauern mit einem 100 Meter langen Bart, der außerdem noch würdig auszusehen scheint. Der Auserwählte kann allerdings nicht lesen und schreiben, was für das Regieren allerdings nicht so wichtig ist. Dafür reicht ein großer bewegungsloser Apparat aus.

Dieses Prinzip wird sich Tausende von Jahren bewähren. Kaiser Muh-mang wird einer der beliebtesten Kaiser, auch wenn er nicht weiß, warum. Es scheint seine Unauffälligkeit zu sein. Von dem abgesetzten Kaiser hört man auffälliger Weise nichts mehr, auch keinen neuen Namen nach seinem möglichen Tod.

86. Geschichte: Kleidung

Der Bauer Lei-fu findet eines Tages an dem See, der an sein Ackerland grenzt, ein Bambusgewand. Es ist sehr hübsch und hat seine Größe. Er denkt sich nichts dabei, z.B. warum es kein Seidengewand ist, und tauscht es gegen sein abgetragenes Bastgewand um.

Das Wasser des Teichs spiegelt ihm wider, dass das neue Gewand ihm gut steht. Allerdings können Spiegel auch die innere Ruhe stören. Ein paar Meter weiter findet er noch eine Art Hut oder Mütze mit Bändern, an denen Kugeln befestigt sind. Der Vollständigkeit halber setzt er sie auf, sie scheint zum Gewand zu passen. Die Stoffschuhe die herum stehen, nimmt er auch mit.

Lei-fu sieht jetzt so würdevoll aus, dass ihn seine Familie beim Mittagessen nicht gleich erkennt und vor ihm auf den Boden fällt. Derweil taucht ein Schwimmer im Teich am anderen Ufer auf. Der schleicht sich ans Land, prustet erholt und sucht erregt an den Stellen, an denen Lei-fu die Kleidung gefunden hat. Man hört das laute klägliche Geschrei des Schwimmers: „Wo ist meine Kleidung? Wer hat sie gestohlen? Ich werde ihn umbringen!" Lei-fu, der mit seiner Familien unweit des Sees wohnt, hört dies und gerät in panische Angst. Er flieht in den tiefen Wald, wo er seitdem sein Leben fristet. Der Nackte rennt derweil laut schreiend und gestikulierend in die große Stadt. Soldaten des Provinzbeamten nehmen ihn fest, weil sein Aussehen gegen die Kleiderordnung verstößt. Man zerrt ihn vor den Richter, der ihn zum Sacktragen am ganzen Körper verurteilt. So soll er sichtbar für alle aus der Stadt herausgejagt werden, angetrieben durch Stockhiebe. Den Soldaten ist das zu aufwendig, weil sie noch ein kleines Kartenspielchen machen wollen. Sie stoßen den Schwimmer daher in den nächsten Tümpel, in dem er unerkannt ersäuft. Keiner hat ihm bis zuletzt glauben wollen, dass er ein wichtiger Mann ist. Besser so, als wahnsinnig zu werden, weil keiner weiß, wer man ist.

Lei-fu hört davon nichts und bleibt, wo er gerade ist. Nach Jahren der Gespräche mit den Tieren des Waldes fällt er langsam dem Wahnsinn anheim. Seit er weise ist und daher irre spricht, pilgern viele Ratsuchende zu ihm. Seine wichtigen Ratschläge drehen sich meistens um die Kleiderordnung.

87. Geschichte: Lebenslanges Lernen

Der gelbe Drache schlängelt sich durch das Land Ni, auf einem schmalen Lehmpfad entlang seinem Ufer wälzen sich Tausende von Dorfbewohnern. Da es Nacht ist, tragen sie in der Hand bunte Laternen. Die Dorfbewohner sind angefüllt mit lauter Freude, werden sie doch begleitet von den drei Freunden der Jahreshälfte: Baumbus, Pflaume und Kiefer.

Das Dorf will mit ihrer Hilfe den mächtigen Drachen besänftigen, der wohl nicht nur in ihrem Kopf sein Unwesen treibt. Ohne Frage haben die Dorfbewohner die Überschwemmungen satt. Einige Dämme brechen immer wieder. Vielleicht haben sie auch dem Bauamt an der Hintertür zu wenige Bestechungsgelder gezahlt. Bisherige Beschwichtigungsversuche mit Hilfe ausufernder Teezeremonien und Räucherstäbchen haben nichts gefruchtet, außer von der Arbeit abzuhalten. Das geballte Licht soll der letzte Rettungsversuch sein. Die Laternenhersteller haben dafür hart gearbeitet, die Bauern können sie aber erst bezahlen, wenn die Ernteerträge wieder im Lot sind.

Typisch ist, dass sich die Menschen bei ihrem nächtlichen Gang an der Hand nehmen und gemeinsam singen. Das muss wohl so sein, wenn Menschen in Gruppen zusammengeballt sind. Irgendein Anführer fängt immer damit an. Dumpf spielen dazu ein paar Trommeln und selbst gebastelte klangvolle Instrumente wie Flöten. Manche spielen ziemlich falsch. Vielleicht haben sich wieder ein paar Bläser unerlaubter Weise unter die Musiker gemischt, um etwas hinzuzuverdienen. Was sollen sie sonst tun als Menschen, die so sind, wie sie sind, und nie wissen, was morgen ist?

Doch der Drache bleibt wieder unansprechbar und wohl auf ewig unnahbar. So ertrinken auch dieses Jahr wieder Zehntausende völlig unvorbereitet in seinen reißenden Fluten. Die Ahnengeister haben den Nachfahren wohl noch nicht mitteilen können, wie sie diese Katastrophe ein für alle Mal verhindern können. Haben sie mit Herrn Ho gesprochen?

In Tausenden von Jahren wird das Wetter so warm werden, dass es unentwegt regnen wird und sich Dauerüberschwemmungen zunehmend mit der steigenden Meeresflut verbinden werden. Die Han-jen werden dann auf engen Raum in der Mitte zusammenhocken und darüber sinnieren, warum sie zu spät etwas unternommen haben. Immerhin werden sie dann wissen, was sie hätten tun können. Es wird ihnen aber nichts mehr nützen.

88. Geschichte: Waren

Manchmal wartet der Kaufmann Huo-tsien vergebens auf die bestellten Waren für seinen kleinen Laden. Dann hat er wochenlang nichts zu tun. Das stört ihn nicht weiter, wenn nur alle seine Familienmitglieder in der richtigen Reihenfolge auf der großen Matte sitzen und essen können. Manchmal jedoch wandert er zum Berg Sonnenblickspitze, um mit den Bäumen, den Blumen, der Erde, dem Himmel und vor allem mit dem Berggeist Kuei-O zu sprechen. Den hat er nämlich im Verdacht, die Waren für die Kleingeister gestohlen zu haben. Der Kaufmann denkt das gerade wieder, als ein rotes Licht aus einer Astgabel heraus quellt und zu einer Gestalt wird. Es ist der dürre Berggeist Kuei-o mit seinen flatternden, fettigen Haaren. Der spricht zu ihm in einem tiefen Bass. „Huo-tsien, Du hast wohl nichts zu tun. Hast Du keine Arbeit? Es ist Tag." Der Angesprochene: „Du kannst gut reden. Du brauchst nichts zu essen, zu trinken, hast keine Familie zu ernähren. Vor allem kann es Dir doch gleichgültig sein, ob Waren kommen oder gehen. Oder?" Der Berggeist sieht ihn mit rot glühenden Augen an, als ob er den Kaufmann verschlingen will. Doch dann tritt ein milder Grünstich in seine Augen. Er vollführt eine einstudierte kreisförmige Handbewegung, woraufhin sich ein riesiger Haufen mit Warenballen vor Huo-tsien auftürmt. Der weicht ob dieses Zaubers erschrocken zurück. "Verstehst Du mich, kleiner Kaufmann?", fragt Kuei-o eindringlich. Huo-tsien schüttelt nur ungläubig den Kopf. „Das ist eine Prüfung gewesen. Die hast Du nur deshalb bestanden, weil Du nicht gejammert und mich mit Deinem

Flehen gelangweilt hast. Wir Tote wollen nicht immer, dass uns die Lebendigen für jeden unwichtigen Mist anbeten." Daraufhin zieht sich der Berggeist lachend in seine Astgabel zurück. Eigentlich ist es ein Baumgeist, der Baum steht aber im Gebirge. Alles Naturgötter, die nicht nur Bauern befragen sollten.

89. Geschichte: Erfindung der Schrift

Es ist wirklich nicht einfach und hat daher lange gedauert, die Lautwerte zu vereinfachen. Missverständnisse gibt es wohl nicht, weil die meistem Worte zwei- oder mehrsilbig sind. Irgendwann ist wohl eine passende Schrift gefunden, über die sich das Volk trotz seiner vielen Dialekte oder Umgangssprache verständigen könnte. Doch passt diese Schrift wohl eher zu den gut ausgebildeten Beamten in der Hauptstadt. Warum soll sonst jemand die gemeine offizielle Sprache der Mandarin schreiben, der nicht lesen kann. So ist jedenfalls gesichert, dass der Großteil der arbeitenden Bevölkerung, der die unzähligen, sich geringfügig oder sehr von einander unterscheidenden Zeichen weder lesen noch schreiben kann, so unverständig und ungebildet bleibt, wie er ist.

Nur die zur Nicht-Arbeit Privilegierten haben die Zeit, die bis zu 28 Striche in der richtigen Reihenfolge zu pinseln oder die 214 Radikale zum Nachschlagen der Bedeutungen zu erlernen. Die Bevölkerung spricht derweil weiter in ihren jeweiligen Dialekten und ohne Schrift aneinander vorbei und arbeitend vor sich hin. Außerdem, was sollte das Volk denn anderes als ihre Umgangsprache interessieren. Soll doch die Oberschicht mit ihrem gesprochenen Wort und Schriftsprache tun und lassen, was sie will. Welcher Kaufmann will schon seinen Zwiebelhandel und welcher Kuli seine vertraute Sklavenarbeit aufgeben, um als Beamter auf vermeintlich hohem Bildungsniveau die Schwere der Gnade irgendeiner dekadenten Dynastie mit zu tragen! Ist es denn so erstrebenswert, sein Leben lang

Probleme nicht lösen zu können, zu wollen und zu dürfen? Das Ziel der herrschenden Oberschicht und der sie unterstützenden geistlosen Verwaltungsberufe geht jedenfalls voll auf. Das Volk muss schriftlichen Vorschriften, die es nicht versteht und daher nicht in Frage stellen kann, folgen. Man könnte es auch mit ihrem Verlesen versuchen. Das würde aber nichts helfen, wenn sich jemand beim Vorlesen verliest oder durch den Dialekt vor Ort schwerwiegende Missverständnisse entstehen. Also kann die Oberschicht ruhig, d.h. ohne zum Affen zu werden, Hammelköpfe aushängen und trotzdem Hundefleisch verkaufen. In 2000 Jahren wird sich die Politik der Regierenden darin erschöpfen.

Nur die gebildeten Mächtigen, die die Vorschriften für sich geschaffen haben, können sie enträtseln. Das hat mehrere Seiten. Die Oberschicht muss die Hochsprache in Wort und Schrift selbst noch verstehen können. Die Sprache ist so kompliziert, dass sich die Herrschaftsträger auch untereinander manchmal verwirren. Manche lassen sich die Dokumente daher auch gegen Geld oder Vorteile aufwendig übersetzen, in welche Sprache auch immer. Zudem müssen die Herrschenden sich auch verständigen wollen. Je nach Bedarf tun sie das nämlich einfach nicht, sondern stellen sich dumm. Die Sprache eint nur, wenn keine Streits herrschen. In diesem Fall können sich sogar in den einzelnen Ländern verschiedene Schriften breit machen.

Es bleibt aber auch im Einigungsfall ungewollt ein zweigliedriges Problem erhalten. Ein gesprochenes Wort hat zum einen bedeutungsverschiedene 4 Tonhöhen. So kann man schon einmal ‚ma' im ersten Ton (Mutter) mit ‚ma' im zweiten Ton (schimpfen) oder schlimmer mit ‚ma' im dritten Ton (Pferd) verwechseln. Oder ‚ma' im vierten Ton (ein Fragepartikel) wird nicht richtig getroffen, so dass man eben nicht fragt, ob jemand blöd ist, sondern es behauptet. Zum anderen muss man dafür auch noch 4 unterschiedliche Zeichen pinseln, die dann auch noch ziemlich ähnlich aussehen würden.

Ständig lauern Missverständnissen. Die Verwendung gewollter Doppelbedeutungen oder von gegensätzlichen Bedeutungen kann zusätzliche Streits hervorrufen, die das Miteinander stören. Da die gesamte öffentliche Ordnung von den einzuhaltenden Vorschriften abhängt, entsteht nach und nach als bleibende Wirkung ein unerwünschtes bis erwünschtes Durcheinander im Land. Und so regiert die Oberschicht dann auch in bestimmten Zeiten schlechter und in anderen besser, als sie will und kann. Ein fliegender Vogel kann eben nicht gleichzeitig Füße und Hals ausstrecken.

90. Geschichte: Nähen wäre zu einfach

Die gesamte Sippe der Fuh-kieh näht den ganzen Tag und manchmal die Nacht hindurch Kleider. Dabei richtet sich die Erledigung der Nähaufträge nach der in den Vorschriften vorgegebenen Reihenfolge. Leibeigene kommen gar nicht erst an die Reihe, weil sie ja für Bauarbeiten bekanntermaßen keine vernünftigen Kleider benötigen. Diese würden beim Foltern und Bambusstockschlägen ohnehin zu Fetzen werden. Hanf darf es daher gerade noch sein.

Entsprechend ihrer Position kommen die glitzernden, reichhaltig verzierten und mit dem richtigen Knopf sowie Sondersymbolen versehenen Seidenkleider der Beamten, Adeligen, hohen Priester, wichtiger Höflinge wie der O-bereunuchen als Erzieher des Kronprinzen immer zuerst. Manche Männer tragen bei rituellen Anlässen sogar noch reich verzierte farbige Obergewänder. Diese Klasse kommt zuerst, das gilt auch, wenn sie eigentlich später den Auftrag gegeben haben. Nach der Oberschicht folgt die Schicht derjenigen, die nur Bambuskleider trägt, dann die Schicht mit Bast- und Leinenkleidern. Die beiden letzten Gruppen müssen in dieser Reihenfolge also warten, so dass sich oft das Warten nicht mehr lohnt und sie auf die Kleidung verzichten oder selbst Hand anlegen müssen. Dafür nimmt dann die Arbeit der Kerzenmacher und Öllampenhersteller zu. Die Arbeit häuft sich geradezu auf, wenn wichtige Feiern wie Hochzeitsfeste anstehen.

Die Kleidernäher fertigen also hauptsächlich für die Angehörigen der oberen Schicht. Diese hat nicht nur Zeit und Geld, sie zu tragen, weil die anderen für sie arbeiten, sondern verfügt auch über Ersatzkleidung. Die anderen Schichten können ihre Kleider dagegen nicht einfach liegen lassen und mit ihrer anderen zur Arbeit gehen.

Da die Kleidernäher für ihre Arbeit das Material im Umkreis aufkaufen müssen, können sie immer weniger für ihre eigenen privaten Zwecke nähen. Hochzeitsfeste nach Vorschrift und damit auch der Nachwuchs nehmen daher in den Schichten unterhalb der Oberschicht stark ab, während die Parasiten oben sich uferlos weiter vermehren können.

91. Geschichte: Feuerwerk

Die einen haben das Pulver aus Kaliumnitrat, Holzkohle und Schwefel erfunden und die andern nicht. Huo-pan-tze ist jedenfalls schon weit gekommen. Er ist der Hauptfeuerwerker am Hof, sehr erfahren darin, alle bekannten Feuerwerkskörper unterschiedlicher Stärke herstellen zu können. Er kann Feuerbäume, Flammenblumen und Pfirsichblüten erzeugen.

Da nun der Kaiser seine Amtsgeschäfte das ganze Jahr über in Form von Feiern und Festen ausübt, haben Huo-Pan-Tze und seine zahlreichen Verwandten durchgängig reichlich zu tun. Sie leben zwar gut davon. Da sie aber in ihrer Großfamilie auf die alten Werte wert legen, lehnen sie die eingerissene Lebensweise am Hof ab. Auch vielen unteren Adeligen und Beamten, Priestern, Magiern, Alchimisten sowie selbst dem arbeitenden Volk, das Orientierung braucht, geht die Lebensweise am kaiserlichen Hof inzwischen quer. Der Unmut und das Murren nehmen zu und schwellen zu einem unhörbaren Rauschen an, das allerdings der berauschte Kaiser und seine ebenfalls berauschten Mit-Faulenzer nicht wahrnehmen.

Die um sich greifende konzentrierte Stille gebiert schließlich die Idee, den Kaiser wegen erwiesener Unwürdigkeit und Nichtstun abzusetzen. Eines Nachts legen daher die Befürworter einer anderen Lebensweise ein noch nie da gewesenes Feuerwerk direkt in den Palästen des Hofes an. Selbst im inneren, völlig hoch erhabenen purpurneren Teil der Stille, der den entrückten Kaiser vor der lauten Wirklichkeit abschirmen soll, schmuggeln seine Gegner Feuerwerkskörper an den Wachsoldaten vorbei.

Der große Knall verbreitet sich dann für die Nicht-Eingeweihten wie aus heiterem Himmel im Palast. Beißender Rauch dringt durch die Tierhäute- und Pergamentfenster nach draußen, ein intensiver Geruch nach Feuer breitet sich aus. Weil auch Feuerpfeile abgeschossen werden, hält der Kaiser das Feuerwerk für den Überraschungsangriff seiner Feinde. Gekleidet, wie er ist, flieht er aus seinen Palästen in Richtung freier Natur. Als er die angrenzenden Dörfer erreicht, erkennt in dem Nackten dort wirklich keiner mehr den Kaiser. Kein Mensch nimmt sich daher seiner an. Auch seine unmittelbaren Diener, Ratgeber, Eunuchen, Konkubinen, Wahrsager, die ihm gefolgt sind, haben ihn aus den Augen verloren. Daher ist der arme Kaiser zum ersten Mal in seinem Leben wirklich auf sich allein gestellt. Ohne andere, ihn dann noch bedienende Menschen ist er nicht lebensfähig. In diesem Winter-Wetter erst recht nicht. Er kann sich ja noch nicht einmal allein richtig ankleiden. So wird er wahrscheinlich an einem unbekannten Ort ohne heißen roten Tee erfrieren, wenn er nicht vorher von Raubtieren gefressen wird.

92. Geschichte: Lernen

Sin-shih will Schriftgelehrter werden, auch, wenn es nicht ein Kolleg mit zahllosen Pforten sein muss. Keiner weiß, warum er so weit abweichen will. Ein wenig über die eigene Arbeit hinaus das Leben zu genießen, schön zu wohnen und pinseln zu üben hätten eigentlich doch gereicht. Hat er denn keine Angst, nach altbewährten Ritualen als Literatenpriester lebendig begraben zu werden?

Die Eltern legen aus traditionellen Gründen auf Bezirks- und Palastprüfungen in der Fremde wenig Wert. Aber Sin-shih ist ja jung, stark und muss sich ohnehin von den Eltern lösen. Das kommt bei gegebener Gehorsamspflicht gegenüber den Älteren fast einer Umwälzung gleich. Kein Wunder, dass die Eltern ihn wegen seines Ungehorsams verstoßen müssen.

Sin-shih folgt seitdem dem Vorbild von Schülern, die erst für ihre Mitschüler und Lehrer Holz hacken und dann selbst lernen gehen. Tagsüber lernt er fleißig Schriftzeichen. Abends bis manchmal weit über Mitternacht hinaus arbeitet er noch bei einem Kaufmann. Der kauft und verkauft alles. Von ihm lernt Sin-shih das Streben nach dem großen Unterschied im Geschäftsleben. Der Kaufmann und seine Familie haben dieses Prinzip offensichtlich befolgt, denn sie tragen sehr viel an Schnüren aufgereihtes Geld mit sich herum. Obwohl der Schüler Sin-shih nur dieses eine Prinzip vom Kaufmann hat lernen müssen, zahlte dieser jenem wesentlich mehr, als ein normaler Bauer jemals verdienen könnte. Auf dieser Grundlage kann der junge Mann gut studieren. Er wird zum fertigen Schriftgelehrten, nachdem er die zentrale Prüfung, die man jetzt noch bestehen kann, mit Auszeichnung bewältigt hat.

Mit dem Wissen, was er jetzt schon hat, zieht er danach von Hof zu Hof und lehrt den großen Unterschied. Dazu interpretiert er die alten, noch nicht verbrannten Schriften eigenwillig um und erfindet neue für Herrscher und manchmal auch das Volk, dem es wohl auch gut gehen soll. Leider lässt gerade die Oberschicht den Unterschied leichtfertig so klein werden, dass er manchmal verschwindet. Folglich müssen sie zum eigenen Vorteil die breiten Schichten des Volkes wieder mehr ausbeuten, wenn das überhaupt noch geht. Daran erkennt Sin-shih, dass er noch viel zu lernen hat. Aber, er darf es wenigstens noch.

93. Geschichte: Förderung ohne Ende

Geheiligte Vorschriften einhalten ist alles. Daraus schließt Sü-K'i, dass er am Besitz der anderen teilhaben und auch glücklich werden könnte. Seine Not im Sinne der ewigen Nicht-Teilhabe könnte enden, wenn ihm der Provinzfürst die Erlaubnis gäbe, als Fischer zu arbeiten. Fisch ist ja bei der zahlungskräftigen Oberschicht der Gegend im Kommen. Geht man auf das ein, was sie gern isst, bestraft einen wenigstens nicht das Leben. Der Beruf des Fischers ist ihr allerdings in manchen Schichten nicht so bekannt. Wie soll aber der Fisch in den Topf des Hofkochs kommen! Na, man soll nicht die Bildung der Höflinge überschätzen. Vielleicht haben diese nur von fliegenden Fischen gehört. Sü-k'i füllt also den vorgeschriebenen Antrag aus bzw. bepinselt die Tafeln. Er muss allein für die Anlage Hunderte von Orginal-Bambustäfelchen abschreiben; erst viele 20 Jahrhunderte später wird man sie vervielfältigen können, obwohl es Papier weit früher gibt. Sü-k'i stört der Aufwand aber nicht weiter. Lang gepinselt, halb gewonnen. Sü-k'i kann also irgendwann den Antrag mit dem umfangreichen Anhang abgeben. Bei diesem ersten Versuch gehen allerdings ungefähr 50 Bambustäfelchen wegen des fast schon blinden Priesterschreibers verloren. Sü-k'i, der dies schon nach einem halben Jahr erfährt, muss daher 50 neue Bambustäfelchen nachpinseln. Langsam steigt der Bedarf an Pinseln, Tinte und Reibsteinen. Danach fehlen wieder 12 Täfelchen, die er ebenfalls nachschreiben und neu abgeben muss. Da sind aber schon drei Jahre ins Land gegangen. Inzwischen kann man 25 der ersten 50 Bambustäfelchen nicht mehr lesen, weil die Tinte zu billig gewesen ist, der Priesterschreiber Tee darauf geschüttet hat und ohnehin jetzt völlig blind ist. Aus Höflichkeit wagt das aber keiner, dem ehrwürdigen Alten zu sagen. Sü-k'i gibt daher 25 neue, größere Täfelchen ab, die wegen der größeren Schriftzeichen besser zu lesen sind. Diese werden aber nicht angenommen, weil sie nicht zu den anderen passen und ohnehin nur die kleine Größe Vorschrift ist. Also schreibt Sü-k'i, der inzwischen auch schon alt geworden ist, 25 neue Bambustäfelchen nach. So vergeht ein Jahr ums andere. Der Blinde ist inzwischen gestorben. Er wird erfolgreich von einem anderen fast blinden Priesterschreiber ersetzt. Dieser ist im ersten Beruf Schamane gewesen und nach einem längeren Antrags- und Schulungsverfahren in diesen unteren Beamtenberuf hineingewachsen.

Fischen gehen inzwischen andere und verdienen viel Geld damit. Sü-k'i geht währenddessen tagsüber weiterhin dem gering geachteten Beruf als Barbier nach und schreibt nachts weiter für den Antrag. Irgendwann gibt er auf und entschließt sich, einen einfacheren, d.h. weniger antragspflichtigen Beruf zu ergreifen, der aber ein höheres Ansehen genießt. Sü-k'i will jetzt Pferdemist einsammeln, ihn aufbereiten und weiter verkaufen. Dazu gibt es kaum Vorschriften. Sie umfassen nur etwa 500 Bambustäfelchen mit Schriftzeichen. Diese kann Sü-k'i leicht auswendig lernen und behalten. Es wäre für ihn eine große Ehre, in diesem Beruf arbeiten zu dürfen. Mist hat nämlich immer Zukunft. Würde er noch älter werden, als er jetzt schon ist - und jetzt ist er schon sehr alt -, könnte er ja noch anderen Mist einsammeln und verkaufen. Eines weiß Sü-k'i aber jetzt schon: Fisch würde er nicht mehr essen.

94. Geschichte: Mutprobe

Wenn man so abgeschieden von menschlichem Treiben in der Natur lebt, befällt Menschen mit tief- und stumpfsinnigen Gedanken, ständigem In-Sich-Gehen-Müssen und klösterlicher Besinnungslosigkeit eine gähnende Langeweile. Dann erblühen aus dem beginnenden Wahnsinn plötzlich aufmunternde Ideen und keimen auf. So spannt die bärtige und bezopfte Gruppe um den Eremiten Meister K'ün-t'ou lange aneinander geknüpfte Tücher an zwei sich gegenüber liegende Reihen von Ahornbäumen fest. Diese Reihen von ungefähr je 50 Bäumen stehen sich sehr eng gegenüber. Fast möchte man meinen, höchstens 1 m. Tagsüber wäre es sicherlich einfach gewesen, durch diese Bahn zwischen zwei Baumreihen hindurch zu gehen oder sogar zu laufen. Nur wenn man Gleichgewichtsstörungen gehabt hätte oder betrunken gewesen wäre, wäre das vielleicht nicht gelungen. Die Idee ist aber in den Gehirnen weltabgewandter Weisen entstanden. Die sind sich daher sicher, die Bahn sogar bei sternenloser Nacht durchlaufen zu können. Damit die Mutprobe für Konzentration, Aufmerksamkeit, innere geistige Stärke diesen schon Geübten gelingt, ist zusätzlich eine mehrmonatige Vorbereitung mit geeigneten Übungen erforderlich. Die notwendige physische Härte scheint bei vielen schon vorhanden zu sein. Einige in der Gruppe sollen schon Holzscheite fürs Feuer mit ihrer Handkante gespalten haben. Aber auch die anderen sind in guter körperlicher Verfassung. Nichts würde jedoch geholfen haben, wenn man nicht vorher alle wesentlichen Götter, vor allem die Baumgeister, angebetet und um gezielte Unterstützung nachgesucht hätte. Auch für die Untätigkeit des ein oder anderen wäre man dankbar gewesen. K'ün-t'ou ist sich ganz sicher, am zunehmendem Rauschen, wehenden Gewändern und einem kleinen schummerigen Licht die beruhigende Anwesenheit der einschlägigen Eremitengeister gespürt zu haben.

Nach der Vorbereitungszeit legen die weisen Eremiten einen Zeitpunkt für die nächtliche Mutprobe fest. Dann legen sie ihre Gewänder bis auf das ihr nacktes Gesäß und Geschlechtsteile verdeckende Untertuch ab. Schließlich schlürfen sie noch einen aufbauenden und wach machenden grünen Tee und binden sich paarweise mit Seilen fest zusammen. Dann rennt ein Paar nach dem anderen los. Manchmal hört man in der Ferne einen dumpfen hohlen Ton, Holzächzen, laute Aufschreie und sich gegenseitiges Anschreien. Dann verhallen alle Geräusche im Dunkeln.

In der Dämmerung des nächsten Tages treffen sie sich alle auf einer Lichtung wieder. Fast alle haben blutige Köpfe, Nasen, Hautabschürfungen an unterschiedlichen Körperteilen. Einige Paare hat man suchen und ohnmächtig einsammeln müssen, weil sie frontal einen Baum gerammt haben. Jetzt beginnen sie sich wieder zu regen. Insgesamt durchzieht die Lichtung ein lautes anschwellendes Stöhnen und Gejammere. Es ist aus mit der Selbstbeherrschung von selbst ernannten Heiligen.

K'ün-t'ou schließt das Experiment mit den folgenden Worten ab: „Liebe Brüder, wir sind gut vorbereitet gewesen. Der Erfolg liegt also auf der Hand. Wir müssen aber noch mehr üben, damit wir noch sicherer in der Nacht werden. Somit können wir zur erhabenen Erleuchtung kommen."

Da sie allein in Wald und Flur hausen und sie auch keiner mehr besucht, um ihr unverständliches Gefasel zu entziffern, kann sie auch keiner davon abhalten. Spätere Generationen finden beim Pilzesammeln hier am südlichen Meer reihenweise Bäume, die in Kopfhöhe sichtbare Kerben mit Blutspuren aufweisen, und stellen sich wundernd Fragen. Die kann aber keiner mehr beantworten, weil die Verantwortlichen inzwischen tot sind. Hätte die Nachwelt die Antwort verstanden?

95. Geschichte: Der hustende Fisch

Yü-li-tse hat nur eine Leidenschaft. Anstatt dass er wie ein Kätzchen Fischgeruch ‚stiehlt', hält sich dieser Mann einen gläsernen Wasserbottich mit prächtig gewachsenen, farbigen Fischen. Wenn er einmal mehr der Arbeit und den dabei üblichen Folterungen im Käfig der 100 Schmerzen entronnen ist, kümmert er sich nicht etwa um seine zahlreichen Kinder und seine Frau, sondern um seine Fische. Eines Tages bleibt ihm allerdings fast das Herz stehen; denn sein Lieblingsgoldfisch hustet bei der Fütterung. Das ist ziemlich ungewöhnlich für einen Fisch. Yü-li-tse spricht mit ihm, um herauszufinden, was ihm fehlt. Er findet aber nichts heraus, weil der Fisch nicht antwortet: wie auch immer. Am nächsten Tag fängt Yü-li-tse selbst an zu husten. Bald ergreift der Husten seine Familie, die Menschen, mit denen er zusammenarbeitet, seine Vorgesetzten. Sie teilen daher, was vorauszusehen gewesen ist, zusätzliche Schläge aus. Sie drohen ihm sogar welche an, wenn er sich ihnen auch nur nähert. Irgendwann ist das ganze Dorf betroffen. Die Boten, die jedes Dorf braucht, tragen dann den Husten weiter. Nach etwa 1 Jahr hustet das ganze Reich. Sogar der Kaiser tut einmal etwas, er hustet. Seltsamer Weise muss kein Kranker das Bett hüten. Keiner bekommt Fieber. Alle betroffenen Menschen husten nur Tag und Nacht durch. Die Ärzte, oder wie man sie sonst nennen kann, blicken auch nicht durch. Manche glauben, man solle dagegen die Augen von Schafen oder Leber und Nieren von Schweinen essen. Da durch Eroberungszüge und Händler auch Kontakte zu ausländischen

Ländern gepflegt werden, beginnen bald auch die Menschen dort zu husten. Im Grunde genommen ist die ganze bekannte Welt irgendwann vom Husten betroffen. Keiner hat eine Idee oder sogar Gewissheit, was oder wer diesen seltsamen Husten hätte verursachen können. Das Wissen muss man aber haben, um herauszufinden, wie man den Husten bekämpfen kann. Alles hat fast schon etwas Übersinnliches und Beängstigendes an sich, so dass auch wieder ein paar neue Schulen entstehen und sich Berater die Schuhsohlen qualmend laufen.

Yü-li-tse muss sich lange Jahre mit dem Gefühl einer unerklärlichen Ungewissheit von der Arbeit nach Hause quälen; er kann sich nicht mehr erholen und entspannen. Erschwerend kommt hinzu, dass er bei der Arbeit mehr Schläge von den Bambusstockträgern des Kaisers erhält denn je. Trotz seines Leidens eilt Yü-li-tse nach der Arbeit immer zuerst zu seinen Freunden, den hustenden Fischen. Eines Tages jedoch entdeckt er in gefährlicher Nähe zu ihnen ein fremdes Tier, so dass ihn die nackte Angst überfällt. Das ist keine von der Ratte überlistete Katze, die man wie einen Tiger streicheln kann. Das Tier ist auch kein Papiertiger oder einfach nur Feinkost. Es geht auch nicht um Kaffee, der mit ihrem Restmüll fermentiert werden soll. Yü-li-tse weiß plötzlich, woher das ganze Übel gekommen ist; es ist das erste Aha-Erlebnis im ganzen Reich.

Er hat eine so genannte grau-gelb gestreifte Schleichkatze am Wasserbottich erwischt. Bevor sie sich hustend und in kannibalischer Absicht über einen seiner Lieblingsgoldfische beugen kann, fängt Yü-li-tse die Katze rechtzeitig ein und tötet sie in seiner Wut auf bestialische Weise. Den

Kadaver verbrennt er, obwohl die Medizin in diesem Land eigentlich noch nicht so weit ist. Es ist aber zufällig die richtige Behandlung. Das spricht sich herum, so dass es bald allen Katzen, deren man habhaft werden kann, ebenso geht. Nach 10 Jahren hustet dann kaum noch jemand in der Welt. Die Katzen sind wahrscheinlich ausgerottet, jedenfalls behauptet das der Hof. Die Regierung lässt zum Dank, dass die Götter geholfen haben, einen neuen Tempel errichten. Ohne überreiche Verzierungen mit Symbolen für Glück, langes und glückliches Leben und natürlich ohne die Machtzeichen Drache und Phönix aus Jade wie im Palast des Kaisers wird am Dachfirst eine sinnstiftende Figur angebracht. Sie stellt einen erzenen Bergbauarbeiter dar, den 5 Fledermäuse umflattern. Die Figur steht aufrecht über ein Wasserbehältnis mit Fischen gebeugt, hält mit einer Hand diese böse Schleichkatze am Nacken fest und in der hoch erhobenen anderen Hand ein gezücktes Messer fest umschlossen.

Auch die Oberschicht ist froh, dass sie jetzt wieder ihrer Muße und dem Geldzählen ohne zermürbendem und ärgerlichem Husten nachgehen kann. Beschwingt, befreit und mit wahrer Lust schlagen auch die Bambusstockträger wieder auf das arbeitende Volk ein, das sich höflich mit Kotau bedankt.

Bald ist die Welt wieder in Ordnung. Um ein Zeichen zu setzen, wird bei Zeiten der Mund der Statue mit einem Klebeband verschlossen.

96. Geschichte: Tödliche Verwechselung

Fremde können selbst, wenn sie Jahrzehnte im Land der Mitte gelebt haben, Sprache und Schrift kaum verstehen. Die Hochsprache der Gebildeten soll ja alle Landesteile verbinden. Treffen die Fremden auf Ältere und auf die Landbevölkerung, wird das Verstehen-Wollen zum reinen Rätselraten. Viel Phantasie und Spürsinn sind daher erforderlich. Diese Charaktereigenschaften fehlen aber den meisten Fremden. Außerdem können sie nicht richtig spucken oder die Spucknäpfe treffen, wenn diese verfügbar sind. Ein Verlust von Anerkennung ist unumgänglich.

Die Menschen in der Mitte sind schon froh, wenn Fremde richtig guten Tag sagen können. Die Erheiterung über sprachliche Fehltritte von Fremden stößt aber in angespannten Zeiten auf Grenzen. Und angespannt sind alle Zeiten, in denen die herrschende Oberschicht zu wenig einnimmt, um noch besser zu leben. Dazu passt es wenig, wenn christliche Missionare dem gemeinen und ihrer Meinung nach fehlgeleiteten Volk irgendwelche Dogmen aufschwatzen wollen: und dann noch sprachlich völlig unzulänglich. Dabei haben die Missionare schon sehr viel Zeit aufwenden müssen, ihr astronomisches Grundwissen los zu werden. Das ist erst gelungen, als die Menschen gemerkt haben, dass sie es brauchen. Aber, warum soll denn der Kaiser sein Volk lieben oder das Volk ihn? Gewalt und Angst reichen doch als Verständigungsmittel.

In diesem Zusammenhang soll eine Episode zu Beginn des Schaffens dieser selbsternannten Menschenfischer erwähnt werden. Die Missionare haben in einem kleinen Dorf, das

164

zwischen den beiden großen Flüssen liegt, Mandarinen-Gärten entdeckt. Sie lieben diese Frucht, die erst viel später im Westen eingeführt werden sollte. Zudem halten sie es für einen guten Anfang, sich mit dem Kauf des Gartens bei den Bauern einzuschmeicheln. Daher interessiert es sie vor allem, ob er ihnen gehört oder es Amtland ist?

Sie betreten also hoffnungsfroh die bescheidene Bambushütte des Bauern Lo-heh in einem Dorf nahe dem Berg des gestreiften Rindes. In ziemlich gebrochenem, also keinem Mandarin, das zudem mit dem Dialekt in der Region harmonieren müsste, sucht man um den Kauf des Gartens mit dieser Frucht nach. Die Missionare haben sogar eine dabei, zeigen unentwegt auf sie und dann auf ihren klingenden Geldbeutel. Immer wieder sprechen sie dabei ein Wort aus, das wie „Mandarine" klingt, aber völlig neben der Bedeutung für diese Glücksfrucht im Land der Mitte liegt. Mit Händen und Füßen unterstreichen die Missionare ihre Bitte. Der Bauer, seine Familie und bald das ganze Dorf schauen ungläubig auf die Missionare, ihren Mund, ihre Bewegungen und die Frucht. Dann schicken die Dorfbewohner nach einem in den fünf Ärmeln des Kaisers ausgebildeten Schriftgelehrten des Dorfes. Der blickt daher voll durch und deutet das von den Missionaren gewählte, ihnen wohl unbekannte Wort als „mandarim". Das ist wohl portugiesisch und stammt aus dem Malaiischen, Indischen und Sanskrit; es bedeutet so etwas wie Ratgeber der Regierung oder Beamter. Allen wird schlagartig klar, dass das Gefasel und die Verrenkungen der Fremden nichts mit Mandarinen zu tun haben kann und sie zucken daher nicht mehr regelmäßig bei dem Wort zusammen. Die Missionare haben dagegen den wahren Sinn des Zusammenzuckens ohnehin nicht erkannt und fälschlicherweise als verstanden interpretiert.

Die Dorfbewohner entscheiden sich nun, jemanden zum nahen Palast des Provinzfürsten zu schicken. Die Missionare bewirtet man inzwischen wie Gäste mit Tee und Gebäck aus der Gegend. Nach drei Stunden treffen mehrere hochherrschaftliche Sänften mit einer Gruppe ehrwürdiger Männer ein. Die Provinzbeamten tragen teure bunte, reichlich mit Verzierungen versehene Gewänder und auch Hüte mit Knöpfen an langen Bändern in unterschiedlichen Farben. Nur einer trägt eine lackierte Gazekappe. Eine kleine Gruppe von unerlässlichen Polizisten und Bambusstockträgern hat die Sänften zu Fuß begleitet. Die Missionare haben nun Gelegenheit, ihr Anliegen diesen erlauchten und erhabenen lokalen Repräsentanten der Zentralregierung vorzutragen. Das dauert lange, in blasblauen Teetassen aus Porzellan gemessen. Am Ende ergreifen die Polizisten die Fremden auf Anweisung eines Erhabenen mit rotem Knopf und orangenem Gewand und führen sie ab. Der Mandarin bleibt noch eine kleine Weile stehen und ermahnt das Dorf. Dann schreiten die Ehrwürdigen langsam und bedächtig zu ihren Sänften, steigen ein und lassen sich über die Felder zurück zu ihrem Palast bringen.

Den Missionaren wird ein kurzer Prozess wegen Volksverhetzung gegen die Staatsmacht gemacht. Sie werden tagelang gefoltert, um mehr über die Verschwörung herauszubekommen. Dann werden sie feierlich geköpft. Sie sind nicht mehr dazu gekommen zu verstehen, warum. Manchmal haben Verwechselungen eben einen tödlichen Ausgang. Dann kläfft ein Hund wie ‚Lü Dong bin'.

97. Geschichte: Schädlinge

Ling-tschi-tze beschäftigt sich gern mit der Bekämpfung von Schädlingen. Er ist ein Alchimist, der sich mit Drache (Quecksilber) und Tiger (Blei) besonders gut auskennt. Der Rest ist Astrologie. Das Wissen kann er gut paaren mit dem Wunsch und krankhaften Trieb aller Herrscher dieser Welt: Ewig Macht zu haben. Ling-tschi-tze muss ja von irgendetwas leben. Den ganzen Tag und manchmal in die Nacht hinein braut er in seinen Töpfen vor sich hin. Ein Flügel im riesigen Kaiser-Palast ist für ihn hergerichtet und ausgerüstet worden, um das ewige Leben, d.h. die Verlängerung des jetzigen Lebens des Erhabenen genau zu untersuchen. Manchmal besucht ihn der Kaiser sogar erwartungsfroh. Da er allerdings sehr fett ist, müssen ihn vier starke Träger in einer gesondert gefertigten Sänfte herantragen. Vielleicht merkt der Kaiser, wie das Leben mit jedem Gramm Fett zu viel aus ihm herauszuhauchen beginnt. Er interessiert sich jedenfalls für alle Stoffe und Ingredienzien, die ihn ewig leben lassen würden. Wie man sich denken kann, schreiten diese Untersuchungen ziemlich langsam voran. Der Kaiser wird daher Jahr für Jahr ungeduldiger, obwohl der Alchimist verklausulierte Antworten zu geben versucht, in die er da und dort dosierte positive Annahmen über die Zukunft einfließen lässt. Er muss diese Arbeit behalten, so lange es geht. Er kann nichts Anderes. Kaum ist der Kaiser weg, widmet er sich seinem Lieblingsthema, der Bekämpfung von Schädlingen. Damit sind Tiere gemeint. Das sind insbesondere Insekten, Würmer, Maulwürfe, Marder, Füchse. Von denen interessieren ihn am meisten Insekten und Würmer, je ekeliger, desto besser. Sie zu vernichten ist die eine Seite der Medaille, sie so zu vernichten, dass ihre Wirte nicht mit vernichtet werden, ist die andere Seite. Wen wundert es daher, dass der Friedhof entlang der Wirkungsstätte des Alchimisten immer größer wird. Den Kaiser stört das wenig. Er bringt die wachsende Anzahl von Gräbern auf dem Friedhof mit den Versuchen zum ewigen Leben in Verbindung und betrachtet seinen Umfang als Kennzeichen für Fortschritt.

Nach Jahrzehnten lässt der Kaiser, der seltsamerweise noch lebt, Ling-tschi-tze zu sich ans Bett kommen. In dem muss er jetzt ständig vor Fett-heit liegen. Mit kaum hörbarer Stimme würgt er den Befehl heraus: „Sag mir endlich, wann Du den Stoff, der ewig leben lässt, gefunden hast." Das klingt so bestimmend, dass der Alchimist nicht mehr anders kann. „Ich bin unsicher, ob ich ihn jemals finden werde." Dem Kaiser verschlägt es die Stimme. Mit letzter Kraft gibt er seinen Dienern und Soldaten den Befehl, den Scharlatan zu vertreiben. Dann stirbt der irdische Kaiser, ohne das ewige Leben kennen gelernt zu haben. Hat hier denn keiner vom Pilz der Unsterblichkeit gehört!

98. Geschichte: Angst

In der Dämmerung und nachts klingen in dem Wald, hinter dem der Acker des Bauern Chang-yü liegt, Krähen wie übernatürliche Geister. Diese Waldgeister lassen ihn erbleichen und erschauern. Daher sieht er zu, dass er den Wald noch vor Anbruch der Dunkelheit hinter sich lassen kann. Nur manchmal schafft er es nicht rechtzeitig. Dann ist der Acker voll mit hinderlichen unhandlichen Steinen, die er mühsam wegräumen muss, ehe er den Pflug ansetzen kann. Ist dann der Boden auch noch knüppelhart, zieht sich die Arbeit hin. Der Bauer ist sehr kräftig, aber dagegen bringt auch er den Pflug nicht dazu, regelmäßige Furchen zu ziehen. An solchen Unglückstagen rennt er dann - vor sich hin betend - ängstlich gebückt durch den Wald. Er lugt dabei vorsichtig nach allen Seiten. Hinter Bäumen sieht er grinsende Totenköpfe ragen, dürre Knochenhände nach ihm krallen und kalte, leere Augenhöhlen ihn anleuchten. Mit Herzrasen, schweißnass und atemlos erreicht er sein Haus jedes Mal wie nach einer gelungenen Flucht. Da sich dieses Missgeschick in letzter Zeit häuft, glaubt der Bauer fest, dass es die Ahnengötter auf ihn abgesehen hätten. Was hat er falsch gemacht? Hat er jemanden nicht ehrenvoll genug behandelt und gegrüßt? Hat er sich nicht tief genug vor ihren Schreinen verbeugt? Hat er sich nicht ausreichend für die Schläge bedankt? Die Ahnen müssen irgendwelche Helfershelfer haben, die ihm so viel Steine in den Acker legen und den Boden austrocknen.

Er kommt so wenig damit klar, dass er nicht mehr isst, trinkt und wenig schläft. Außerdem zittert er am ganzen

Körper, wenn er auch nur das Geräusch einer Fliege hört. Chang-yü entscheidet sich daher, einen Priester aufzusuchen, der auch Arzt ist. Der hört sich seine Geschichte genau an, sagt Aha und beginnt, alle möglichen Stellen des Körpers von Chang-yü anzuzeichnen. Dann steckt er an diesen Punkten kleine Nadeln in die Haut. Das schmerzt wenig. Dann braut der Arzt unterschiedliche Pflanzenteile (Wurzeln, Rinden, Blüten und Blätter), Tees, Mineralien, Metalle, Waldpilze und einige Tierprodukte - die man hier nicht nennen kann - zu einem Sud zusammen. Heiliges Mischungsprinzip ist dabei, dass das Ganze mehr ist als seine Teile. Von diesem stinkenden Gebräu, wovon dem Bauern schon beim Geruch schlecht wird, muss er unverdünnt drei Mal am Tag trinken. Außerdem empfiehlt ihm der Arzt, sich einen Acker zu suchen, vor dem kein Wald liegt. Der jetzige Wald ist ja Kaiserwald und daher heilig, so dass er nicht abgeholzt werden darf. Es kann dort also nicht gerodet und kein neuer Acker angelegt werden.

Der Bauer lässt sich paar Jahre lang mit Nadeln und dem ekeligen Sud behandeln und pachtet endlich einen billigen Acker ohne Wald davor. Dafür ist er 100 Li weit weg. Alles ist in Ordnung, bis jemand auf dem Weg dahin wieder Wald anlegt. Bis der aber dem Bauern wieder auf dem Heimweg abends Angst einflössen würde, würde er aber nicht mehr leben. Das ist beruhigend.

99. Geschichte: Hummer

Es lebt eine alte, ausgemergelte Frau in der Provinz Shantang nahe dem Meer. Die Frau heißt Lung-hsia-fu. Sie lebt völlig allein in einer Hütte und arbeitet für einen Fischhändler. Eine Reihe von Fischern fahren für diesen auf das Meer. Sie arbeiten Tag und Nacht bei schlechter Bezahlung. Die Hummer müssen schnell vereinzelt werden, damit sich die Einzelgänger nicht fressen. Dann können die gefangenen Meerestiere zu den Höfen der hohen Fürsten und Beamten gebracht werden. Nur das pürierte Hummerfleisch wird hier zu Hautbalsam verarbeitet.

Lung-hsia-fu hat eine besondere Vorliebe für Hummer. Sie hütet und pflegt fast alle gefangenen Hummer fürsorglich wie verwandte Ahnen, ehe sie auf die Reise nach Norden gehen. Sie spricht sogar mit ihnen, weswegen die einen sie für geisteskrank und die anderen für eine Magierin halten. Ein Hummer geht nie auf Reise, er ist ihr persönliches Haustier. Damit er nicht allein ist, schleppt sie ihn immer in einem gesonderten Glasgefäß mit sich herum und füttert ihn. Sie nennt ihn zärtlich Hao-hao. Dann hält er scheinbar inne, als lausche er und wolle reden, und hebt fast eine Schere zu ihr herauf. Das geht Jahre so. Alle wundern sich, dass das Tier noch lebt. Keiner weiß etwas über die Lebenszeit von Hummern.

Ganz selten muss Lung-hsia-fu während der Arbeit Pause machen. Als sie eines Tages vom stillen Örtchen zurückkommt und sich auf ihren Liebling freut, bleibt sie schockiert vor dem Wasserglas stehen. Hao-hao ist verschwunden. Sie ist verzweifelt, Tränen rinnen ihr über die Wan-

gen. Sie sucht und sucht, fragt und fragt. Dann findet sie
einen Jungen, der beim Aufladen geholfen hat. Der hat den
einzelnen Hummer gesehen, ihn gegriffen und mit den
anderen auf die Reise geschickt. Er ist jetzt auf seiner großen letzten Reise. Lung-hsia-fu hat nun kein Lebewesen
mehr, mit dem sie sprechen kann. Sie wird immer trauri-
ger, kann kaum mehr arbeiten, freut sich auf nichts. Langsam verfällt sie und stirbt einsam in ihrer Hütte am Meer.
Dieser Hummer ist für sie wie ein edles Unkraut auf einem
Hang gewesen. Sand im Schlamm wäre dagegen schnell
schwarz geworden.

100. Geschichte: Rote Unterhose

K'ung-pi Tzu hat die Han-jen vergeblich von seiner Lehre zu überzeugen gesucht. Kaum haben er und seine Jünger erfolglos das Weite gesucht, kehrt die alte Moral unmaskiert und ungebremst wieder zurück. Am Hofe wird nun wieder gespielt, gehurt und bis zum Umfallen gegessen und getrunken. Da gerade keine Ordnungsmaßnahmen stattfinden, macht das aber wenig. Das Volk zahlt sogar ohne Gewaltmaßnahmen freiwillig. Es ahnt wieder nichts. Alles, was Rang und Namen hat, trifft sich einträglich beim Hofe und geht gemeinsam seinen Gelüsten nach. Vor allem zwischen dem 21. Januar und dem 10. Februar, wo irgendwann das neue Jahr beginnt, nimmt das muntere Treiben zu. Besonders wild treiben es diejenigen, die im Jahr des Hahns geboren sind und daher Glück haben sollen. Die sollen schon deshalb glücklich sein, weil sie Einzelgänger sind. Sie unterstreichen das, indem sie gern in roten Unterhosen durch den Palast laufen.

Die Konkubinen, manchmal in den schönen Künsten gebildet und nicht nur für schnöde Unterhaltung da, treten in diesen sittenlosen Zeiten langsam immer mehr an die Stelle von Staatsgeschäften. Hin und wieder müssen Zauberer und Magier kommen, um ihrer Aufgabe als Arzt nachzukommen, wenn einmal mehr ein altes Mitglied dieser illustren Gesellschaft sich übernommen hat. Es sind sogar schon Todesfälle zu verzeichnen. Der Kaiser entwickelt sich schrittweise zum obersten Bordellbesitzer, einem wang ba wu gui. Die Konkubinen, bis auf ein paar Edelkonkubinen im Besitz dieses „König-acht-Schildkröte", setzt er geschickt für seine Zwecke ein. Sie erfahren viel von ihren Freiern und tragen es dem Kaiser weiter. Der muss ein Nebengebäude ausschließlich für dieses Geschäft umbauen. Er verliert aber selbst irgendwann wegen seiner Beanspruchung die Kontrolle und geht nur noch seiner Lust nach. Die Konkubinen werden daher immer mächtiger, v.a. wenn sie legitime Söhne des Kaisers haben. Die Oberkonkubine des Systems der Liebeleien, Ts'ieh-mu, nimmt daher das Heft in die Hand und reißt die Macht an sich, die ihr Glück bedeuten soll. Daher trägt sie orange. Sie schwingt sich auf zur Kaiserin des Reiches. Die eigentliche sitzt ja mit den anderen verflossenen Gespielinnen im kalten Haus fest, das sich vielleicht in den Palast der langen Freude allein verwandeln kann.

Viele Berufsangehörigen aus dem Umfeld der neuen Kaiserin übernehmen hohe Ämter. Immer mehr beschäftigen sie sich jetzt mit ernsten Geschäften als mit der Lust. Sie müssen also ständig für Nachschub und Ersatz im Bett sorgen. Die Freier werden daher nach und nach unzufrieden, weil sie nehmen müssen, was kommt. Immer weniger besuchen den Hof. Es entstehen andere Häuser der Lust, wo es auch nur um das eine geht. Dorthin gehen sie.

Die Kaiserin und ihre hochherrschaftlichen Konkubinen beschäftigen sich eines Tages nur noch mit sich selbst. Sie erfahren nichts mehr. Ihre Macht vergeht Jahr um Jahr, bis das Glück nicht mehr von ihnen abhängt. „Hure bleib' bei Deinem Leisten!" oder „Landschaften kann man ändern, Menschen nicht!"

101. Geschichte: Klettergarten

Seit Kampftechniken aufgekommen sind, breiten sich viele unbekannte Sportarten im Reich aus. Gerade da, wo viel Wald zu finden ist, benutzt man günstig in Gruppen zueinander stehende Bäume zum Klettern. In Schwindel erregender Höhe werden Gerüste zum Stehen gebaut, zu denen senkrecht Balken führen. Überall werden Haken für Seile angebracht sowie mit Balken und Brettern Verbindungen untereinander hergestellt. Seile hängen bis auf den Boden herab. Wie die Affen können jetzt Jung und Alt in den Bäumen herumklettern, zwischen ihnen balancieren, einander im Huckepackverfahren hoch tragen. Es gibt unterschiedliche Schwierigkeitsstufen, je nach dem, wie schnell jemand, wie hoch und mit viel Gewicht klettern kann. Kleine, gebogene Hölzer unterschiedlicher Farben werden dann vergeben. In der Vergabe des goldenen Holzes liegt die größte Ehrung.

Im kaiserlichen Garten steht auch ein kleiner Wald, der sich gut eignet, um dies vorzuführen. Der Kaiser Siangning, der sich selbst wenig bewegt, wartet also schon ungeduldig auf die Übungen und den Wettkampf. Alles läuft sehr gut. Dann aber stürzt ein Junge unglücklich von einem Baum, weil er auf einem nassen Balken ausrutscht, und bricht sich das Genick. Der Kaiser ist sehr ärgerlich, weil jetzt nicht nur seine persönliche gute Laune wie weggeblasen ist, sondern sie auch von Amts wegen verschwinden muss. Per Dekret verbietet er daher diese Sportart und verurteilt die Erfinder zum lebenslangen Straßenbau und den damit eng verbundenen Foltern, Arbeits- und Lebensbedingungen. Seitdem wird nur noch im Zirkus geklettert, wo Akrobaten hingehören. Oder man wechselt zum Ball-treten, worin schon Soldaten ausgebildet werden und das auch mit den Barbaren aus dem Westen gespielt werden kann.

102. Geschichte: Holzhacken

Die Wälder von hohen Beamten zu pflegen ist eine hohe Ehre. Es ist für sie daher nebensächlich, ob es für einen einzelnen zu viel Arbeit ist. Sin-tze-poh hat manchmal so viel zu tun, dass er sogar nachts mit Baumfällen beschäftigt ist. Am Waldrand stört er damit allerdings die Umwohner, die sich deswegen bei dem zuständigen Beamten beschweren. Sin-tze-poh, dem es als Schüler des K'ung-pi Tzu wohl früher besser gegangen ist, versucht also sein Arbeitspensum vollständig am Tag zu erledigen. Das führt dazu, dass er manchmal noch nicht einmal Zeit für Essen und Trinken hat. Gerade der im Sommer aufbauende grüne Tee von der milden Sorte fehlt ihm manchmal. Ein Alchimist hat ihm ja empfohlen, keine Sorten zur Stärkung des Geistes, sondern der Körperkraft zuzubereiten. Allein die sorgfältige und rituell angemessene Zubereitung würde allerdings sehr viel Zeit wegfressen. So lässt Sin-tze-poh es meist sein und begnugt sich mit Wasser, was wohl nicht dasselbe ist. Das Spalten und Hacken des Holzes für die Feuer der körperlich schwachen Mächtigen, das sich über Tage erstreckt, macht ihn bald völlig fertig. Der Rücken schmerzt, er kommt nicht mehr aus der halbgebückten Haltung heraus. Er wälzt sich manchmal vor Schmerzen auf der Lichtung wie ein sich suhlendes Wildschwein. Mit Hilfe von Meditation hält er das zwar über Jahre hinweg aus. Er wird dabei aber immer krummer und krummer, bis eine Art Höcker auf seinem Rücken entstanden ist. Den verliert er trotz aller Gebete und Beschwörungen bei den Göttern und Ahnen nicht mehr. Es ist wohl Vorbestimmung, wie man sagt, wenn man nichts mehr ändern kann. Zwangsläufig müssen seine lieben Mitmenschen ihm einen Spitznamen verpassen, auch wenn sie ihn ohne einen auch wieder erkennen würden. Sie nennen ihn jetzt den ‚weisen buckeligen Holzhacker'. Viele Kinder in den Schulen, die ihn auch T'ou-T'ou schimpfen, sind verunsichert. Sie glauben nämlich fälschlicherweise, dass die körperliche Ertüchtigung durch Holzhacken allgemein zu einem Buckel führt. Weil dem wohl kein Lehrer widerspricht, kommt der Beruf des genehmigten anständigen Holzhackens nach und nach in Verruf. Doch Holz muss gehackt werden, damit es die Mächtigen warm haben. Es reicht aus, wenn Sklaven, die ja überzählig sind, bei kostenloser einfacher Verpflegung das Holzhacken für die Mächtigen übernehmen.

So entstehen nach und nach ganze Bataillone mit buckeligen Sklaven, die nach oben buckeln, um weiter arbeiten zu dürfen. Der adeligen Oberschicht und edlen Beamtenschaft ist das gleichgültig. Viele wissen gar nichts von den vergangenen Engpässen. Sie interessieren sich nur für fertiges Kaminholz, damit sie sich mit ihren nackten Konkubinen in der Wärme verlustieren können.

103. Geschichte: Von den elf Verboten

„Hier, nimm sie und lies sie Deinen Leuten vor", hat der brennende Gott im Westen seinem bärtigen Obersprecher befohlen. Das ältliche Kind des Westens hat mit seinem Gott über die einzelnen Gebote auf den Tafeln gar nicht erst verhandeln können. Einige Menschen in der Mitte haben sich dagegen selbst ein paar einfache Verbote gemeinsam ausdenken dürfen. Die oben, die meist mehr davon haben als nur Brotsamen, haben dabei üblicherweise nur mit lauteren Mitteln nachgeholfen. Über die Einhaltung der Verbote befragen alle Schichten mit unterschiedlichem Interesse regelmäßig ihre Ahnen oder irgendwelche zuständigen Wesen irgendwo außerhalb, wobei die Räucherstäbchen qualmen und die Orakelknochen fliegen. Hier die aufgepinselten und nicht in Tafeln gehauenen Verbote für das Land der Mitte:

- Vom 1. Verbot: Immer schon haben die Menschen mittendrin nur ihre Götter und keine anderen daneben gehabt. Ihnen bleiben sie treu, so lange jene sie nicht übermäßig stören. Es hält sich aber auch hier hartnäckig das Gerücht, später bestärkt durch die Missionare der Langnasen, dass es einmal nur ein Gott gewesen sein soll.

- Vom 2. Verbot: Nach ihren alltäglichen Gedanken fertigen sie nur von den Göttern Bilder an, die die Harmonie mit Himmel, Erde und Geist wiedergeben. Manche vermuten sie in einem Wagen am nördlichen Sternenhimmel. Manchmal ist nicht klar, ob es ein Geist oder Geister sind und wo die se stecken können. Es kann ziemlich gruselig werden, wenn porösc Vampirgestalten auf dem nahen Friedhof aus den Gräbern steigen und vorbeischauen. Deswegen fallen die meisten Menschen einfach vor Angst in den Kotau um. Nur wenige kämpfen gegen diese Untoten. Doch stehen die Vampire immer wieder auf, auch wenn sie auseinander brechen. Einbildung? Keine Einbildung? Die Menschen mittendrin würden sagen: „Wir wissen es nicht, also glauben wir es nicht." Oder sie würden sagen: „Macht nichts." Sie denken nicht an Strafe und Belohnung.

- Vom 3. Verbot: Wenn diese Menschen mittendrin ihre Götter für die Politik oder das Geschäft nutzen, dann ist das nicht so ernst gemeint. Für sie ist es nur ein etwas ernsteres Spiel mit humorvoll-übertriebenen Zügen. Hauptsache, sie können ihr Gesicht wahren und die Ehrfurcht vor den höheren Mächten bleibt erhalten. Wichtiges Hilfsmittel dazu ist das Gespräch. Dort redet keiner gern gegen den Wind oder lässt sich übergehen. Keiner will träge Rinder haben, denen man ein Seiteninstrument vorspielt.

- Vom 4. Verbot: Zeit für Ruhe haben die Störche dieses Landes ohnehin, weil die Frösche schon während ihrer alltäglichen Arbeit oder in ihren Familien in sich gehen. Das ist möglich, obwohl sie schon zur Erhaltung der Harmonie leben müssen, um als Sklaven arbeiten zu dürfen. Sie haben daher keine andere Wahl als diesen Spaß. Ihr irdischer Weg der Besinnung kostet aber nicht so viel an Zeit, als dass sich am Wochenende daraus ein

Tag am Stück für eine längere Pause ergeben würde. Natürlich wäre es schön gewesen, die schlechte Arbeitskleidung, die man die ganze Woche getragen hat, abzustreifen und sich an diesem Tag
einmal richtig herauszuputzen. Für gute Kleidung
hätten sie allerdings kein Geld gehabt, und wenn,
hätten sie das beantragen müssen. Von den Missionaren haben sie allerdings von völlig verspannten
Barbaren im Westen gehört, die jeden Tag in der
Woche – also auch am Wochenenden und Feiertagen - so fein gekleidet sind und u.Ust. sogar so ins
Bett gehen. Dann sind sie für die eigene Beerdigung immer gut vorbereitet. Für die anderen Menschen mittendrin ist nur eines klar: die Götter sind
immer bei ihnen. Dafür sorgen schon die Ahnen.
Und die kennen auch keine Woche und damit
auch kein Wochenende.

- Vom 5. Verbot: Eigentlich tun die Menschen in
diesem Land nur das, was die älteren Männer im
Clan wollen. Da gibt es kein Aufmucken. Söhne
haben ihren Vätern und ältesten Brüdern zu folgen. Was hat das mit Liebe zu tun oder auch Ehre? Der Sohn tut, was der Vater und sein ältester
Bruder wollen, und der Vater, was dessen Vater
und sein ältester Bruder wollen. Und warum diese
Übung? Um genau dem folgen zu können, von
dem die Mächtigen im Staat von allen erwarten,
dass es getan wird. Frauen - mehr Ehe- als Neben-
frauen - fallen völlig aus dieser Ordnung heraus,
die so nur funktioniert. Frauen haben im Gegensatz zu den primitiven Anfängen der Menschheit

nichts mehr zu sagen, weil sie körperlich schwächer sind. Sie dürfen sich hinten anstellen und tot arbeiten für die Sippe. In der Pause dürfen sie für das Gebären und die Aufzucht sorgen.

- Vom 6. Verbot: Schlimm genug, dass Menschen auf Befehl der Störche in Kriegen ihnen unbekannte andere Frösche töten dürfen und dabei straffrei ausgehen, d.h. lediglich für die Sache der Störche ehrenvoll sterben dürfen. Dass dafür immer eine Begründung an den Haaren herbeigezogen wird und es dann „wir" heißt, ist ja bekannt. Wenn jemand dagegen außerhalb eines Krieges einen hohen Amtstafelträger töten würde, der die Frösche Tag für Tag beraubt, würde er sofort geköpft. So einfach ist alles festgelegt, dass nur jemandem aus den einfachen Volksschichten unten zum eigenen Schutz das Töten verboten ist. Würde sich diese Untat nämlich wiederholen, würde ja die hierarchische Ordnung der Störche empfindlich gestört. Für die feineren Leute oben gelten folglich schwergewichtige Ausnahmen, über die nur hinter vorgehaltener Hand gesprochen wird. Wo und wann ist das schon mal anders gewesen!

- Vom 7. Verbot: Die Verheiratung läuft hier ziemlich einfach nach Heiratsbüchern ab. Da wird kein streitsüchtiges Tamtam gemacht. Um sich im richtigen Rahmen fortzupflanzen, worum es ja geht, haben die Ahnen ein paar Rituale ersonnen. Die haben sich bewährt, so wird es also gemacht. Jedenfalls wäre Liebe dabei nur hinderlich. Um das zu verhindern, wählen die Alten die Ehepartner,

182

die eigentlich keine sind, einfach füreinander aus und führen sie einander zu. Dafür muss natürlich die Familie der Ehefrau zahlen. Gewalt ist dabei nur das letzte Mittel. Man muss heiraten, ohne Wenn und Aber. Hauptsache, es nutzt den Familienclans und damit natürlich der Ahnenkette. Neben-Frauen stören da wenig. Man redet einfach nicht über sie. Dafür ist es rechtens, dass der vermeintlich Gehörnte seine Ehefrau und ihren Geliebten zur „Wasserprobe" schickt. Ein anderer Ablauf wäre blanke Theorie. Dass zwei Partner freiwillig aus Liebe heiraten, um später festzustellen, dass sie sich geirrt haben, würde hier auf völliges Unverständnis stoßen.

- Vom 8. Verbot: Das Volk hat keine Freiheit und daher kein Eigentum. Dennoch kommt es nicht auf die Idee, dieses Gut den freien Eigentümern wegzunehmen oder auch nur von ihnen zurückzufordern, wenn jene es ihnen gestohlen hätten. Hier ist es kein Problem, dass das Volk bis zum Umfallen die Freiheit und den Reichtum der Oberschicht pflegt, hegt und mehrt. Auch wenn diesen Menschen mittendrin mehrheitlich klar sein müsste, dass dieses Prinzip Blödsinn ist und sie sich mit dieser Haltung Rechte vergeben, halten sie doch aus Angst und Zeitmangel daran fest. Sie müssen Steuern zahlen für die, denen das Gesetz gehört, und können daher keinen Widerstand leisten. Sie haben keine Armeen und Polizei, um ihre Rechte einzufordern. Dies hat es immer schon gegeben. Wozu wollen denn die Missionare die Menschen noch zur vorbehaltslosen Anerkennung der Obrigkeit bekehren, wenn sie sich ohnehin schon mit Herrschaft abfinden?

- Vom 9. Verbot: Dass Menschen hin und wieder lügen müssen, ist bekannt. Wenn es dem eigenen Vorteil dient, macht man auch einmal den anderen schlecht. Da die Menschen hier alles gern übertreiben, fällt das nicht mehr so auf. Auch schreiben sie ihre Geschichte um, damit alles besser zueinander passt. Und wenn Mit-Menschen vorkommen, dann bitte schön getrennt nach denen oben und denen unten. Das reicht aus. Das ist einfach, weil ja der Himmelsohn auch ein Gott im Wagen sein soll, umgeben von Drachen und Vögeln.

- Vom 10. Gebot: Dass einige allen anderen alles wegnehmen dürfen, passt gut zu den anderen Verboten. Diese kleine Gruppe gibt es seit Menschen Gedenken. Sie muss sich daher nicht darum kümmern, wem was gehört. Dem einzelnen unten hat ohnehin nichts zu gehören. Wenn schon, dann nur dem einzelnen Kaiser, dem Sohn des Himmels. Ob er verkommen ist, stört daher wenig. Er nimmt, wie er Lust hat. Das Geben fällt ihm naturgemäß schwer. Er gibt höchstens aus einer Laune heraus, wo es ihn nicht schmerzt. Offensichtlich verwechseln die Menschen unten den Kaiser mit ihrem heiß ersehnten Himmelssohn, was wohl außer ein paar wenigen Aufständischen mit roten Augenbrauen nicht bewusst ist. Die Missionare, die hier im Land ziemlich spät auftauchen werden, kommen damit überhaupt nicht klar. Das Glaubensgebilde hier ähnelt nämlich sehr wenig dem, nach dem alle das glauben sollen, was ein von Greisen ernannter weltabgewandter Vertreter Gottes auf Erden vom Fußvolk will. Und das, obwohl er außer seinen Brüdern und Schwestern noch nicht einmal das richtige Leben kennen gelernt und vor allem Fleisch gekostet hat. Viele Jahrhunderte später wird diese Nicht-Erfahrung dazu führen, dass Menschen, die der Geschlechtsverkehr unheilbar krank werden lässt, sich nicht dagegen schützen dürfen, obwohl bekannt ist, mit welchen Vorrichtungen das geht. Aber dafür wird der selbsternannte Vertreter Gottes mit wirklichkeitsfremden Lösungen aufwarten können. Entweder sollen die Menschen den Geschlechtsverkehr ganz lassen oder in einem Gefängnis zu reinen Zweck der Kinderzeugung ausüben. Sie werden dies heilige Ehe nennen, obwohl damit seelische Erkrankungen einhergehen können.

- Vom 11. Verbot: Dieser Li-kang ähnelt nur oberflächlich den 10 Geboten, von denen die Menschen mittendrin erst viel später etwas Ungenaues von den Missionaren ungefragt hören werden. Die Sitten und Gebräuchen der Barbaren im Westen werden irgendwann in der Geschichte um den einzelnen kreisen. Noch viel später sollen viele einzelne das Volk ergeben, dem die herrschenden Störche eingeredet haben, dass es angeblich herrscht. Im Land der Mitte wird sich wenig daran ändern, dass das Interesse eines einzelnen Kaisers

185

oben - unabhängig von seinem Wert - vor dem Interesse des Volkes als ganzem unten Geltung hat, in dem den einzelnen Menschen wenig Wert beigemessen wird. Mit dieser Festlegung wird alles gerechtfertigt, auch die drakonischen Strafen, die es hagelt, wenn einer gegen ein Verbot des Kaisers verstößt. Die Missionare würden später allerdings keinen Unterschied zwischen hüben und drüben erkennen, wenn sie die Gehorsamspflicht der gläubigen Frösche unten gegenüber den Störchen unten betrachten. Überall soll die Obrigkeit ohne Wenn und Aber anerkannt, angebetet oder angehimmelt werden. Und dafür sorgt sie schon selbst!

So sichern die 11 Verbote, dass genügend Leute im Feuerbrunnen gefunden werden, damit ja keine Pfähle von drei Klaftern umgesetzt werden können. Und so kommt den meisten in der Mitte der eigene Weg aus dem Mund, taub und stumm wie Schwiegereltern. Bei den Barbaren im Westen werden in grauer Zukunft irgendwelche toten Hosen den Einband des Buches der Bücher für die Verpackung ihrer Lieder verwenden.

104. Geschichte: Die Familie

Wagen hätte man in den alten weiten Gewändern noch lenken können, aber reiten kann man so nicht mehr. Nur, weil die Kavallerie aufkommt, werden Pferde flächendeckend eingeführt. Lange Reithose und Reitmütze greifen nach Jahrzehnten auch im normalen Leben außerhalb der Armee Platz. In den Familien sickert die neue Kleidung zwar stetig, aber langsam ein. Zu Sitten-Aufständen kommt es in den Familien allerdings zunächst kaum. Der Vater trägt wie sein Vater lange, weite Gewänder. Die streift er vielleicht zum Ackerbebauen ab, wenn es die formalen Vorschriften erlauben. Der Sohn muss es dem Vater nachmachen. Das ist für ihn kein Zwang, sondern Notwendigkeit und dient so dem Fortbestand der Ahnenkette. Der Kosmos gerät dadurch nicht in Unordnung. Das schlägt sich in der bewährten ‚Unsittenlehre der Herrschenden gegen das Volk' nieder, für die die Aufrechterhaltung bestimmter Familienbeziehungen und die Staatserhaltung miteinander harmonieren müssen. Das Buch der Unsitten, das also gegen neue Gegensitten ist, enthält wenig über Kleidungsvorschriften. Man findet nur den Hinweis, dass ein Ehemann und eine Ehefrau ihre Kleidung erst mit 70 Jahren zusammen aufbewahren dürfen. In dem Alter hat man sich wohl schon so aneinander gewöhnt, dass man den Geruch des anderen ohne Schock ertragen kann. Von schlimmen Körperteilen ist nirgendwo die Rede. Laut der Lehre darf man aus Anstandsgründen auch keinen normalen Körperteil zeigen, auf keinen Fall aber die Kinder den Eltern gegenüber. Die Eltern, deren Vornamen Kinder nicht aussprechen dürfen, müssen sie bei allem ohnehin ständig um Erlaubnis bitten. Man kann sich vorstellen, dass erst diese fest verwurzelte Kindesehrfurcht aufweichen und zerbröckeln muss, bis sich auch in Familien lange Hose und Mütze endgültig durchsetzen können. Die lange Reithose bedeckt bestimmte intime Stellen genauso gut wie das lange Gewand. Und das ist gut so. Anderenfalls können sich die Betroffenen ja zur Sicherheit ein Schildkröten- oder Scharfgarbenorakel erstellen lassen. Religiöse Gläubige könnten sich auch fragen, was die Eiche daran stört, welches Schwein sich an ihr reibt. Sie könnten in sich gehen und alles zum Nichts erklären. Weder hätte es dann dort Pferde oder Nicht-Pferde und dementsprechende Kleidung gegeben. Im nackten Zustand hätte der Gläubige vielleicht meditationsbedingt nicht oder weniger gefroren. Keine wärmende Kleidung zu tragen ist manchmal in Glaubensfragen wenig bis nichts.

105. Geschichte: Erwärmung der Neigung

Den Weg zum männlichen Trend oder zu den verbundenen Brüdern oder zur Männlichen-Drachen-Vorliebe hat es immer schon in der Geschichte gegeben. Im Vergleich dazu sind sogar Frauen insofern vollständig gleichberechtigt, als sie selbst auch keine Kinder zeugen können. Für Missionare ist alles ganz einfach. Sie reden immer von der so genannten unbefleckten Empfängnis, obwohl diese beim damaligen Stand der Technik noch gar nicht möglich gewesen wäre. Vielleicht ist es nur eine eindeutige Vorhersage auf Grundlage einer weisen Wahrscheinlichkeitsberechnung gewesen. Der Spezialist aus Indien hat wohl schon die Null eingeführt.

Wohin führen aber gleichgeschlechtliche Beziehungen bei starker Verbreitung? Man braucht doch Sklaven und Volk zum Arbeiten, Soldaten für Kriege, Steuerzahler für den Wohlstand der Herren und Nachfahren zur Fortsetzung der Generationenkette?

Dass der ein oder andere Oberschichtangehörige aus Langeweile das Leben am anderen Ufer ausprobieren will, hat noch keinem geschadet. So viele Kaiser braucht man ja nicht. Und wenn diese abweichende Haltung wirklich überhand nähme und das Kaisertum gefährden würde, würden die zuständigen Beamten den Kaiser schon mit einer richtigen Frau von einigermaßen Geblüt ins Bett zur Zeugung von mindestens einem Nachkommen zwingen. Je nach Grad der persönlichen Verirrung oder des ererbten ‚Webfehlers‚ der keiner sein darf‘ müssten allerdings in diesem Fall ausgewählte Amtstafelträger nachts aufpassen, dass der Kaiser nicht flieht. Daher raten es die Sterne manchmal an, es bei Tageslicht zu tun. Um den hohen Herrn im Bett nicht zu verunsichern, müssten seine Diener ihm dann wohl die Augen mit einem Seidentuch verbinden, damit er das Gesicht und Körper der Auserwählten – und vor allem den unteren Teil – nicht erkennen kann. Der Schock durch die hautnahe direkte Berührung für die paar Sekunden ist schon groß genug.

Im Buch Li-huah-gi steht genau, wie man - unter einem Pflaumenbaum liegend - diese besondere Form der Normalität regeln kann.

106. Geschichte: Der edle Bootsmann

Was oft nur bleibt, ist die bewährte Erfahrung von gestern, anstatt ohne Verankerung in der Gegenwart unverantwortlich in die Zukunft zu blicken. Das kann ins Auge gehen, d.h. zufällig auffallen. Für die jeweilige Zentralregierung ist es also sinnvoll, selbst bei den öffentlich Beatmeten den bislang schon fehlenden Wettbewerb auch per Gesetz für alle Zeiten abzuschaffen. Dadurch beugt man einer Bewusstseinsbildung vor, die ohne Grund aus der schlecht durchschaubaren Ausbildung entstehen könnte.

Wohlverhalten, der richtige Glaube an die Unvermeidlichkeit der Störche und auserwählte Götter, die man als Schuldige später ja braucht, sowie die vorsorgliche Bestrafung der Opfer der eigenen Taten reichen in diesem Rahmen als Fundament des Regierens wohl aus. Und wer sich anstrengt, weil es sich wieder lohnt, und dann immer noch nicht merkt, dass alles beim Alten bleibt - d.h. die Reichen reich bleiben oder reicher werden und die Armen arm bleiben oder ärmer werden -, dem kann auch nicht mehr geholfen werden. Damit alles unter Kontrolle bleibt, setzen die dafür zuständigen und dafür besonders geeigneten Amtsträger den Getäuschten wohlschmeckende Visionen für ein gutes Leben im Jenseits vor, nach dem Prinzip: „Friss', armes Vögelchen, damit Du lebest ewiglich!" Mit dem guten Menschen von „wo auch immer" kann man oben ohnehin nichts anstellen, wenn er plötzlich da wäre. Daher kann man ihn getrost denen da unten zum Spielen für ihre Illusionen über eine bessere Welt geben. Zu körperlichen Lebzeiten soll es dem Volk unten noch nicht gut gehen, was sie aber nicht merken dürfen. Nur die wenigen Störchen dürfen sich auf Kosten des Volkes wohlig in der Sonne rekeln, die sie auch noch für die eigene halten. Und wenn wirklich (was fürwahr selten eintritt), Mitmenschlichkeit in zu auffälliger Weise auf der Strecke zu bleiben droht, stellt das zentrale Festlichkeitsministerium sicher, dass bei allem Reformeifer keiner im Himmel oder auf Erden völlig die Lust am Leben verliert.

Doch die oben brauchen immer einen willigen Bootsmann, der so blauäugig ist, dass er um der reinen Ehre willen einen kaiserlichen Storch in den Himmel trägt: Wie einst der gute ,Teng-tong-Tze.' Dem wäre es ziemlich gleichgültig gewesen, ob der Storch dabei schwarz-gelbe, rot-grüne, schwarz-rote oder völlig farblose Gewänder getragen hätte. In Tausenden von Jahren werden von technischen Geräten unterstützte Einrichtungen dieses Geschäft übernehmen, indem sie Nachrichten – von Hundemeuten geliefert - irgendwie aufbereiten und das Ergebnis der Oberflächengestaltung an eine vielgliedrige und sich zerlaufende Öffentlichkeit weitergeben. Der reicht es wohl dann aus, Blumen vom Sattel aus zu betrachten.

107. Geschichte: Gerissener Hund

Er ist taubstumm, aber ziemlich geschickt und klug. Au-
ßerdem ist er für die hiesigen Verhältnisse fast ein Riese.
Vieles versteht er, weswegen er auch die Regierung berät.
Vielleicht ist sein Erfolg dadurch begründet, dass seine
Antworten etwas schillernd ausfallen. Eigentlich kann man
sich die eine oder die andere aussuchen, je nach Ge-
schmack und Interesse. So liegt Kü-long-ya immer richtig.
Sein Ansehen und sein Reichtum wachsen und wachsen.
Kü-long-ya hört aber nichts, so dass er an den Lippen able-
sen muss. Das merkt keiner. Wenn allerdings jemand
dumm seine Lippen bewegt, versteht er nichts oder falsch.
Seine Methoden dagegen ist, sich möglichst viel aufpin-
seln, ob er es gerade braucht oder nicht. Oft erdrückt ihn
daher fast die Last der Bambustäfelchen, die er aus Ver-
ständigungsgründen mitführen muss. Da er aber reich ist,
kann er sich viele Bambustäfelchenträger leisten.
Jedenfalls gewinnt er nach und nach so großen Einfluss,
dass er raten kann, was er will. Er kommt immer gut an. So
erhält er auch den Namen eines gerissenen Hundes.
Diese Bedeutung kann er allerdings wirklich nicht verstehen. Das macht ihn sehr ärgerlich. Ein Beamter mit einem
roten Knopf am Band seiner Mütze wird zwar stutzig, will
ihm aber helfen. Er kommt daher auf die Idee, einen Hund
aufzuzeichnen, der in der Mitte durchgerissen ist. Offensichtlich sprengt dieser Erklärungsversuch das Fassungs-
vermögen von Kü-long-ya. Er geht nämlich nach Hause,
tötet einen Hund und teilt ihn in zwei Teile. Die zeigt er
dann dem hohen Beamten. Der ist entsetzt ob so viel

Dummheit. Ab da geht es bergab mit Kü-long-ya, bis er nur noch als taubstumm und hilfebedürftig gilt.

Die Regierung bemüht sich danach um einen blinden Berater, der ruhig mangels eigener Anschauung die Sonne mit einer Glocke verwechseln darf.

108. Geschichte: Fluch des Hauses

Einer Familie ist es in ihrem Dorf zu eng. So arbeiten die Familienmitglieder Tag für Tag, um Geld für ein neues Haus ‚auf dem Land, wo Schildkröten nicht ans Ufer gehen', zu sparen. Erst wollen sie das Haus wie früher selbst bauen. Dann finden sie ein tempelartiges fertiges Haus mit viel Grund und Acker, das sie preisgünstig erstehen können. Auch ein Brunnen ist dabei. Es wimmelt überall von Pflanzen und Tieren. Alle sind zufrieden und glücklich. Das geht ein halbes Jahr gut. Keiner weiß genau, ab wann sich alles geändert hat. Viele in der großen Familie meinen, es hinge damit zusammen, dass sie den Brunnen wieder in Gang gesetzt hätten. Jedenfalls breitet sich nachts ein unglaubliches Gerumpel, Getöse und Rauschen im Haus aus. Nur der taube Opa hört nichts. Er sieht nur ein schummeriges blaues Licht und rotgeränderte Augen, die durch die Luft schweben. Das glaubt ihm aber keiner. Das weiß er aber nicht, weil er nichts hört und die anderen nicht schreiben können. Und wenn, hätte er es nicht lesen können. An Schlaf ist nicht mehr zu denken. Immer müder geht man am nächsten Tag der Arbeit nach. Alles fällt schwerer und schwerer. Eine Art Fluch lastet schwer auf ihnen, als ob das Haus sie nicht will. Mit bekannten Orakeln, vor allem denen, die mit gerösteten Schildkrötenpanzern arbeiten, versucht man, der Sache auf den Grund zu gehen. Magier, Alchimisten, Schriftgelehrte wandern in Massen zu ihnen und geben kluge Ratschläge. Auch Ärzte wie San-fang haben keinen Erfolg. Immer sind irgendwelche Opfer und Weissagungen mit Räucherstäbchen dabei, die, wie so oft, ins Leere gehen, weil die falschen gezogen werden.

Eines Tages wankt die sehr schwache Oma, die das eigentlich nicht mehr tun sollte, zum Brunnen. Sie will wenigstens einen kleinen Eimer mit Wasser füllen. Sie lässt den Eimer mit der Seilwinde herunter, bis er laut auf das Nass klatscht. Als sie ihn aber hochziehen will, spürt sie, dass ihn etwas am anderen Ende festhält. „So schwach kann ich doch noch nicht sein", denkt sie fast hellsichtig. Immer wieder versucht sie es. Vergebens. Irgendwann reißt ihr der Geduldsfaden und sie beugt sich etwas tiefer ins Brunnenloch hinein, um mehr zu erkennen. Man ahnt es. Sie verliert das Gleichgewicht und verschwindet schreiend im Brunnenloch. Sie ertrinkt mit zerborstenen Gliedern.

Seit sie beerdigt und den Ahnen überantwortet worden ist, hat der Fluch schlagartig aufgehört. Keiner weiß, warum. Und noch nach Jahren rätseln sie, ob die Ahnen zurückgeschlagen haben könnten. Oder hat sich der Familienclan nur Geister eingeredet und so alles selbst hervorgerufen? Ja, wenn die erleuchtende Vernunft fehlt! Aber schließlich hat man doch die alte Frau rechtzeitig allein gelassen!

109. Geschichte: Elefanten

Nach historisch bedeutsamen Raubzügen der Armee in Indien, bringen die Sieger auch Elefanten nach Hause zurück. Dort sollen sie als Arbeits- oder Kriegselefanten oder zu persönlichen Zwecken wirken. Da die Haut der Elefanten empfindlich wie ein Sinnesorgan ist, beauftragt man einen Magier, der auch ein wenig Alchimist ist, mit der Herstellung einer Salbe für ihre Haut. Er hat einmal in den tropischen Wäldern einen Verzweifelten gefunden, der gegen seine Trübsal Kokosmilch getrunken hat. Nach Jahren findet er heraus, wie er mit guter Koskosmilch eine Hautcrème herstellen kann. Angereichert mit seltenen Wunderkräutern, nennt er sie später Huo-o. Die Crème tut den Elefanten nicht nur einfach gut. Sie sind, wird berichtet, nach dem Einreiben auch wie ausgewechselt. Es entsteht sogar ein Elefantenlied darüber.

Auch Menschen finden daher Gefallen an der Crème, obwohl sie etwas eigentumlich riecht. Die Crème verkauft sich aber massenhaft. Leider hat sie bei Menschen eine unangenehme Nebenwirkung. Nach jahrelangem Einreiben wird nämlich ihre Haut immer durchsichtiger, so dass man bald nur noch das rohe Fleisch über den Knochen sehen kann. Die Menschen fühlen sich jetzt durchschaut und kaufen die Salbe nicht mehr.

Die Präfektur gibt daher dem Magier den Auftrag, schnell ein Gegenmittel zu finden. Folglich landet er im Gefängnis, der Tod wäre auch zu einfach gewesen. Die Frage ist, was die betroffenen Menschen in der Zwischenzeit machen sollen. Jedenfalls verlassen sie ihre Häuser nur noch nachts.

110. Geschichte: Seltsamer Zusammenhang

Wenn sich Mann und Frau richtig lieben, entwickelt sich ein mächtiges Gefühl im Bauch und darunter sowieso. Ein geschäftiger Schriftgelehrter aus Kin-kiang-fu kennt nicht nur viele Schriften, sondern schreibt auch viel Mystisches zusammen, was kaum einer versteht. Er sucht nämlich nach neuem Wissen, um mit durchschlagenden Beratungen der Oberschicht seinen Geldbeutel aufzufrischen. Eines Tages findet er nun einen seltsamen Zusammenhang heraus, obwohl damals die Forschung noch nicht so weit ist. Hat nämlich ein Mann über einen längeren Zeitraum hinweg dieses bestimmte Liebesgefühl gleichzeitig zusammen mit einem ‚Bandwurm', kann dieser wohl ins Unermessliche wachsen. Das kann so weit gehen, dass er unten an den Beinkleidern weiß-glänzend hervorguckt, weil man den Kopf nicht abgeschnitten hat. Das ist sehr peinlich: denn wer will sich schon als Träger eines ‚Bandwurms' zu erkennen geben. Offensichtlich können Männer nur eins von beiden Leiden steuern. Daher führt ihre Verbreitung bei Männern leider zu der schon lange bekannten unerwünschten Wirkung, dass sie tiefer gehende Gefühle erst gar nicht entwickeln.

Der Schriftgelehrte, der das entdeckt und verbreitet hat, wirkt allerdings nicht lange in diesem Beruf. Er verschwindet über Nacht in der Versenkung. Jahre später geht eine Gegenstudie im Land herum, so dass alles wieder ins Lot kommt. Schließlich will man noch Kinder zeugen und dabei auch einmal ein Gefühl zulassen, wenn man gerade daran denkt. Dass dann der ein oder andere Mann oder Vater über etwas langes Weißes stolpert, kann er ja einfach übergehen. Beim gegenwärtigen Erkenntnisstand kann es noch Einbildung sein.

Der Fortschritt der medizinischen Heilkunst ist unaufhaltsam. Inzwischen arbeitet nämlich ein anderer Gelehrte an Tintenfischen, die im Leib überleben sollen. Man muss abwarten, was dabei herauskommt. Er kommt einem so vor wie einer, der die Erleuchtung vor Augen hat, aber ohne Finger suchen muss. Man muss sich eben auch nicht alles zumuten!

111. Geschichte: Geier

Seit die Menschheit besteht, hat es Geier und Aas gegeben. Das steht aber immer in einem angemessenen Verhältnis. Zu Zeiten des Königs Pa-tsuih jedoch, der wohl nicht weit vom fließenden Sand im Gebirge gelebt hat, gerät das harmonische Gleichgewicht außer Kontrolle. Befunde aus einer Zauberschlucht können als Beleg dienen. Der König und eine winzige Gruppe von Adeligen und Beamten - wortreich unterstützt durch Schamanen und Priesterschreiber - laugen die Masse des Volkes aus. Ihm bleibt fast nur ein kühler Freund im Kasten, wenn die Sonne scheint.

König und Oberschicht dürfen zwar fast rund um die Uhr fressen, das ist aber bei so viel Volk anstrengend. Obwohl das Land von wunderschönem, willigem Aas übersäht ist, dürfen sich auch Geier nicht übernehmen. So kommt es, wie es kommen muss. Die Geier sterben dahin, weil sie sich völlig überfressen haben.

Fraglich ist, ob das Aas endlich wieder zu lebendigen Menschen mit aufrechtem Gang aufsteht, die sich nichts mehr gefallen lassen. Sie haben nämlich nach sorgfältiger Beobachtung der Sterne versäumt, sich in die ihnen gegenüber feindlich gesonnene Organisation einzuschleichen und sie gemeinsam von innen zu bekämpfen. An welchem vorbildlichen Schrifttum hätten sie sich auch in ihrer Bewegung ausrichten können, um wirksam zu kämpfen! Prallen doch alle sinnvollen Tugenden an der Mauer der hierarchischen Ordnung ab. Mit der Anerkennung der Führung von oben beginnt der Verlust der Mitte. Es ist so, als ob ein Karpfen sich in einer Wagenspur verirrt hätte.

112. Geschichte: Blähungen

Gerade vor kriegsähnlichen Auseinandersetzungen sind übermäßige Blähungen sehr hinderlich. Die Gegner können zwar durch massenhaftes Blähen irritiert oder wegen des Gestanks in die Flucht geschlagen werden. Die Soldaten selbst können aber durch störende Magen- und Darmkrämpfe die Konzentration auf das Angreifen oder das Töten verlieren. Die Heeresführer haben daher darauf zu achten, dass die Soldaten keine Blähstoffe in der Nahrung zu sich nehmen. Zur Not muss der Heeresmagier Mittel mit sich führen, die eine schnelle Erleichterung bringen. Anstatt wie die Turkvölker in den Randgebieten des Reichs Kümmel zu verwenden, gehen die Zauberer in den Wald, um Anti-Bläh-Pilze zu sammeln. Sofern diese nicht zum Tod führen, bringen sie Wunderheilungen hervor.

Außerhalb des Krieges stellt sich die Situation anders dar. Da geht es um die Einhaltung der guten Sitten, so dass Blähungen in Gegenwart hoher, wichtiger Würdenträger schlicht und einfach untersagt sind.

Die Wirtschaft - prämienreich unterstützt durch das die Natur ausraubende Umgebungsministerium - ist trotz der genialen Erfindungen von Ling noch nicht so weit, massenhafte Blähgase für den Antrieb von maschinenähnlichen Einrichtungen zu nutzen. Vorher kommen noch Ventilatoren auf, wozu die Luft in Eiskellern gekühlt wird, und wird eine Art Klimaanlage in den Palästen der Reichen angebracht.

113. Geschichte: Grüne Beamte

Manche verstehen die Verbundenheit mit dem Kosmos und der Natur falsch. Sie verbieten, bestimmte Pflanzen in alt hergebrachter Weise anzubauen. Menschenmist darf auch nicht mehr verwandt werden. Es ist unklar, wo nicht. Es entsteht sogar eine richtige Bewegung in Feng-lüh. Deren Anhänger tragen eine grüne Fahne vor sich her, auf der Früchte aus Wald und Flur sowie freilaufende Tiere abgebildet sind. Als diese Gruppe anwächst, wird sie immer dreister. Auf Fahnen haben die Volksverführer jetzt auch noch gleichgeschlechtliche Paare abgebildet. Hauptsache Natur. Und dann verlangen sie auch noch eine ‚Grüne-Sprossen-Gebühr'. Kaiser Yen freut sich über diesen neuen Grund, seine große Sklavenschar für die Durchführung sinnvoller staatlicher Aufgaben erweitern zu dürfen.

In gut zweitausend Jahren würde der Kaiser aber völlig daneben liegen. Das kann er aber nicht ahnen. Dann werden sich alle Menschen, ob Störche und Frösche, zusammen tun, um die Welt vor den Folgen der Verwendung unvollkommener technischer Geräte zu retten, die das Wetter überall zu sehr erwärmen. Obwohl das schon sehr lange bekannt sein wird, wird es noch sehr lange dauern, bis die Welt plötzlich wieder grün werden darf. Sicherlich werden dann ein paar wenige Störche Vorsorge getroffen haben, um allein fliehen zu können, bevor die Natur völlig verrückt spielen und sogar die Meere ins Unermessliche ansteigen werden.

114. Geschichte: Pilze

Wenn ein fast blinder = heiliger = erleuchteter Onkel in den Wald geschickt wird, ahnt die Familie nichts Gutes. Die Alten sind aber zu ehren. Poh-mang darf daher unbeaufsichtigt Pilze zur Heilung bestimmter Krankheiten sammeln. Es ist nicht zu vermeiden, dass durch diesen in der Sittenlehre verbürgten Leichtsinn viele sterben müssen. Eine Überraschung ist es nicht. Überraschend ist aber, dass diejenigen überleben, die fest an die Heilkraft von Pilzen als Medizin glauben. Die Überlebenden werden ab da auch für heilig und gut gehalten und besonders geehrt. Ob sie davor ihre Mitmenschen bestohlen und betrogen haben oder nur wahnsinnig gewesen sind, ist dabei unerheblich.

115. Geschichte: Eine Kaiserin zu viel

Kaiserinnen haben es ohnehin schwer und müssen daher noch grausamer als Kaiser sein. Keiner kann aber heute nachvollziehen, wie zwei Kaiserinnen den Thron besteigen können. Dass eine Frau das kann und darf, ist in den Augen vieler schon gewöhnungsbedürftig. Dass es aber zwei sind, fast unerträglich. Nicht mehr hinnehmbar ist es aber, dass sich diese Kaiserinnen äußerlich nicht unterscheiden. Sie sind nämlich Zwillinge, vielleicht hat der Vater nicht gewusst, wer die ältere Tochter gewesen ist.

Und so kommt es, dass abwechselnd die eine der anderen als Sklavin dient oder die Kaiserin spielen darf. Dieser Wechsel hat den Vorteil, dass die Muße nicht ermüdet und die Arbeit nicht zu sehr anstrengt. Außerdem kann man im Zweifelsfall vor anderen immer behaupten, dass man für nichts die Verantwortung trägt. Die Umgebung am Hof blickt zwangsläufig bald nicht mehr durch. Es entwickelt sich eine Art Ratespiel, das auch die Langeweile - die Krankheit der reichen Oberschicht – vertreiben kann. Ist es die Kaiserin, ist sie es nicht, ist es ihre Dienerin, ist sie es nicht? Wer ist jetzt wer?

Die Verwirrung ist eigentlich schon groß genug, als beide auch noch beanspruchen, alleinige Kaiserin zu werden. Keiner will mehr Sklave sein. Das beruhigende Hauen und Stechen, wie es alle kennen, setzt endlich ein. Die Ränkespiele wachsen allerdings so an, dass selbst die Erfahrenen nicht mehr durchblicken. Die Geschichte endet wie immer. Eine Kaiserin wird ermordet, und es beginnt das bekannte Spiel mit voller Konzentration auf das Volk. Endlich, denn das fühlte sich in den Pausen etwas fremd im Land I-pan.

116. Geschichte: Wahre Keuschheit

Andere Religionen in ein fremdes Land einzuführen ist einen Versuch wert. Meist konzentrieren sich die schwarzen Missionare dabei aber auf ihr Lieblingsthema. Was sie nicht dürfen oder nur heimlich tun, wollen sie auch gern anderen verbieten und vermiesen. Wer also gegen ein keusches Leben ist, soll unweigerlich in die Hölle kommen. Vor allem, wenn es ihm auch noch Spaß macht. Nun kennt man in diesem seltsamen Land zwar den Himmel, aber nicht die Hölle. Die Missionare haben also schlechte Karten. Das Blatt wird auch nicht dadurch besser, dass für die Menschen sexuelle Lust weder ein Tabu ist, noch keines. Weil es die Menschen hier einfach unauffällig tun, scheint es keine schlafenden Hunde zu geben, die hätten geweckt werden können. Die Gefahr, an Keuschheit zu sterben oder zumindest davon wahnsinnig zu werden, ist also sehr gering ausgeprägt.

Schwerer zu beurteilen ist im Vergleich dazu, was passieren könnte, wenn weder Sex noch Nicht-Sex existieren würden. Solche Fragen interessieren vor allem den dicken Philosophen oder Berater Niao-tsah in seiner Höhle. Seine Gesundheitsberatung beginnt meist damit, dass er am Doppelneunfest gern Klienten vom Berggipfel aus das im dichten Nebel liegende Land unten zeigt. Haben sich dann alle innerlich gesammelt, lässt sich Niao-tsah meist über den Fluss der Energie zwischen Ying und Yang aus. Oder er verrät ein paar einfache Kochrezepte mit Ingwer.

117. Geschichte: Hierarchie

Dass die Herrschenden immer versucht haben, für sich ‚herr'-liche Zeiten herzustellen, ist bekannt. Ein Mittel dafür ist immer gewesen, das Volk dazu zu bringen, sich selbst zu kontrollieren. Das geht so weit, dass Menschen aus einem Volk andere Menschen, z.b. ihre Nachbarn, Familienmitglieder, Freunde, Bekannte und Arbeitskollegen überwachen und denunzieren. Das regelt in einem Land fern seiner Mitte ein Denunzierungsministerium alles bestens. Sicherheitshalber ist es auch zuständig für den Moralkodex, Schulungen, Belohnung und Strafe. Dieser unverzichtbaren zentralen Stelle geht es selbst zwangsläufig sehr gut. Sie darf z.b. selbsttätig motivierende Begleitmaßnahmen wie Folterungen, Beratungen, Orakelknochenlesungen oder Spiele anordnen. So bringen die Affenführer aus der Sonderabteilung Dressur sogar richtige bunt bekleidete Affen dazu, auf Ziegen zu reiten. Das Besondere der Maßnahmen zum Vorteil der Oberschichtsangehörigen besteht darin, dass sich z.b. Folterungen sowohl auf diejenigen erstrecken, die denunziert werden, als auch – und sei zum Schein - auf diejenigen, die denunzieren.

Sofern die Herrschenden zustimmen, kommen einmal im Jahr die Verwaltungsbeamten des für alle Provinzen zuständigen Ministeriums zusammen und beurteilen bei einem großen Fest den Erfolg. Sie besprechen auch neue Maßnahmen und entscheiden, wer von den Gefolgsleuten mit Orden, Land oder Konkubinen im ‚Apfelbett' besonders geehrt und mit Geld behangen werden soll. Sich selbst kann man dabei schon allein deswegen nicht auslassen, weil es genügend Gründe für Vorzugsbehandlungen infolge herausragender Leistungen gibt.

Insofern können nur Landesunkundige behaupten, das Volk stünde nicht im Mittelpunkt der Arbeit der Regierenden. Das ist alles eine Frage der richtigen Außendarstellung durch Berater wie z.B. Lao-mao. Sein Programm, das sich in Zukunft bewähren wird, umfasst die lockere Umsetzung der 5 Tugenden des gemeinen Beamtenhahns: Gelehrsamkeit im leeren Kopf, kriegerische Friedenstüchtigkeit in den Sporen, engagiertes Bekämpfen des Volkes, stetige Berücksichtung von Gleichgesinnten bei der Verteilung von Mitteln und Überschuss für sich, zuverlässiges Durchwachen der Nächte bei kostenlosen anständigen Feiern.

Wenn alles nichts hilft, kommt der gute Palmwein zum Einsatz, der die Angst von Beamten dämpft. Er hat schon gegen Malaria und die vergifteten Pfeile des eingeborenen Volkes im Süden geholfen.

118. Geschichte: Papier

Um die Notdurft zu verrichten, lassen sich natürlich in besonderem Maße der oberste Herr, aber auch manche aus der reichen Verwaltungsoberschicht eigene, kleine Räumlichkeiten in den Palast einbauen. Dort kann man es bei der Verrichtung der Notdurft aushalten. Mindestens zwei Sklaven für vorne und hinten sind zugegen und zugange. Andere sind damit beschäftigt, feines Papier aus dünnem Filz oder Rindenstoffen zum Abwischen zu besorgen. Manchmal wird dünner Stoff aus undurchlässigerer Seide benutzt bzw. der Herrscher lässt sie nutzen. Es ist nicht überliefert, ob sie wieder verwendbar ist. Vielleicht wird es bald bedruckt werden können. Auf Papier kann man jedenfalls mit einem Stempel Farbe abdrucken. Das Hohle ist weiß und der Abdruck dunkel wie Ying. Bei Ton und Wachs ist es umgekehrt, die Schrift tritt angeblich erhaben hervor. Das soll daher Yang sein.

Kaum wird in dieser Oberschicht einfaches gelbes Papier aus Baumrinde, Hanf, Lumpen oder Fischernetzen verwendet, das mit Gips, Stärke und Gelatine fest wird. Andere Diener holen neue Kleidung, wenn etwas daneben gegangen ist, oder Wasser zum Waschen. Es herrscht ein buntes Treiben, das sich um die Notdurft des Kaisers von Königen und Fürsten sowie von hohen Beamten dreht. Neue Berufe wie Diener des Notdurft-Papiers, die z.B. in der Jen-Kung-Dynastie Berufe um das Papiergeld wirkungsvoll ergänzen, helfen dabei. Der ganze Raum schwelgt von einem Gemisch aus Notdurftgestank und

Parfüm. Manchmal befinden sich diese luxuriösen Räumlichkeiten auch in den Gartenanlagen, werden aber dann nur zur warmen Jahreszeit genutzt.

Das einfache Volk, also die, die zu Ehren der Oberschicht arbeiten dürfen, verrichtet seine Notdurft, wo gerade Platz ist und es andere nicht empfindlich stört. Im eigenen Wald und Flur, Garten und Acker, manchmal in einem winzigen Raum mit einem Loch im Boden. Für ein Loch mit einem goldenen Gefäß in der Mitte reicht es aus verständlichen Gründen nicht. Nachttöpfe müssen reichen.

Notdurft auf öffentlichen Plätzen, auf denen die Oberen wichtig daher schreiten, ist selbstverständlich verboten. Ihre edle Gesinnung könnte ja mit den ‚hinteren Naturprodukten' des gemeinen Volkes in Berührung kommen. Darauf steht die Todesstrafe für denjenigen, der sie dort hinterlassen hat.

119. Geschichte: Der Bambusstockträger

Parallel zum Fortschreiten und Fortschritt des Regierens, das ohne Verwaltung ins Leere läuft, entstehen neue Berufe. Das hat z.B. der bekannte Geschichtsschreiber Ts'ient'u herausgefunden. An vorderster Front steht der Berufsstand der ausführenden Beamten, der sich vom Charakter her besonders für Folter, Gewalt und die Umsetzung von unverständlichen Vorschriften eignet. Gute Chancen haben die Menschen, die ohne Schulbildung schon im frühen Kindesalter durch rohe Gewalt auffallen. Sie einzustellen, kostet den Staat also fast nichts außer Kost, Unterkunft, Kleidung, Handwerkszeug, Festen. Dazu kommt die übergreifende Belehrung, es entweder wegen der Folgekosten nicht zu weit zu treiben oder es unauffällig zu tun. Insbesondere stechen bald die Bambusstockträger hervor, die die Sänften des Kaisers, anderer Adeliger oder hoher Beamter begleiten dürfen. Unermüdlich schlagen sie sich den Weg frei, wenn das Volk, anstatt zu arbeiten, am Straßenrand gafft und Beifall schreit. Dann muss man sehen, schnell wegzukommen.

Die Bambusstockträger schlagen manchmal so fest zu, dass ihr Werkzeug zu Bruch geht. Sie haben daher immer Ersatzstöcke dabei. Ersatzvolk gibt es wie Fische im Überfluss.

120. Geschichte: Heilung

Die Geschichtsschreiber sind sich im Unklaren über den Stand der Medizin im Land des Ostens. Das Wissen aus dem Westen haben diese Magier, Zauberlehrlinge und Ärzte jedenfalls glatt abgelehnt. Anstatt dessen kitzeln sie ihre Patienten mit einer kleinen Nadel, die sie in alle möglichen Körperteile nach einem bestimmten Muster bohren. So bohrt man zum Beispiel ins Ohr zwei, drei Nadeln, um Knieschmerzen zu heilen. Oder man bohrt Nadeln unter die Fußsohle, um die Niere wieder in Gang zu bringen. Das heilige Handbuch I-chi für Ärzte aus der unbestechlichen Clique der gehobenen Kammer regelt jedenfalls genau, an welchen Punkten des Körpers die Nadeln angesetzt werden müssen. Das geht aber nicht immer so glatt. Das sind dann die Beispiele, wo eine Nadel - außerhalb einer Folter natürlich – auch schon mal ins Auge geht. Da hat wohl ein unehrenhafter und daher bestrafungswürdiger Nadler zu tief in den Reiswein geblickt. Oder das Anbringen von Nadeln in der Nacken- und Halsgegend führt zum weiten Spucken. Fast wäre daraus ein Volkssport entstanden, oder man wäre noch auf die Idee gekommen, aus der Spucke die Zukunft lesen zu wollen. Das haben glücklicherweise die guten Sitten verhindern können, so dass man sich mit der Anbringung von Spucknäpfen zufrieden geben konnte.

Im Vergleich dazu kann man an Erbrochenem immerhin erkennen, was jemand gegessen und getrunken hat oder was er sich leisten kann.

121. Geschichte: Ohne Fleisch kein Preis

Bis zum Abend verbringen die Heiligen von Puh hao mit unnützen gebetsmühlenartigen Reden, damit der Regen ein paar hundert Kilometer flussabwärts die Felder der bösen Nachbarn zum Überfluten bringt. Dann stellt sich ein kaum zu zähmender Hunger ein. Sie beginnen umherzuirren auf der Suche nach Essbarem. Ihre Augen glänzen vor Gier bei jedem Tier, an dem sie vorbei kommen. Essbares rohes oder gegartes Fleisch gibt es nicht mehr. Selbst Füchse haben sich hinter den letzten Tigern versteckt. Die Dorfbewohner wachen also ängstlich über Essbares jeder Art: tot oder lebend. Mit Waffen halten sie die faulen Priester ab und schreien sie an: „Wäre nicht das Jahr der Ratte, hätten wir alle genug zum Essen. Jetzt müsst Ihr Euch gegenseitig das eigene welke alte Fleisch vom Leib schneiden und weich garen. So geht das jedem, der nur dem Hahn und den Fröschen die Arbeit überlässt, anstatt wenigstens so zu tun, als ob er gelegentlich arbeitet." Das wollen die Heiligen von Puh Hao wirklich nicht hören, auch wenn es nur symbolische Bedeutung hat. Sich aneinander zu vergreifen lässt sich noch nicht einmal mit Leitfäden zur Unsittenlehre begründen. Selbst der mysteriöse Ausnahmefall, dass ein mechanisch betriebener Flugkörper im entlegenen menschenleeren Gebirge notlanden müsste, würde das nicht rechtfertigen. Außerdem sind sie gleich stark, das würde in einer derartigen Notsituation die Koalitionsbildung der stärkeren Jäger gegen das schwächere Wild erschweren. So bleibt den hungernden Heiligen nur übrig, wie die Tiere den Schweinen die Kastanien wegzufressen und von einem besseren Mahl tag zu träumen.

Es befällt sie ein so mächtiger Hungerwahn, dass sie ein vermeintliches irres Trommelfeuer aus dem Wald herannahen hören. Vor Ihren gierig-glasigen Augen erscheint der prächtig gekleidete und fette Sohn des Königs. Nur Wahnsinnige könnten zu ‚Endlösungen' schreiten, dem falschen Vorbild brauner Barbaren folgend, und sich dieses Fleisch in Hülle und Fülle greifen, das ansonsten nutzlos in der Welt herumtrommelt. Sie sind im Traum so irrsinnig, dass sie sich sogar darüber unterhalten, dass Shantze ja nichts merken würde, wenn sie ihm das Fleisch vom Leib schneiden würden. Der Alptraum lässt sie wohl nicht vergessen, wie überall im Lande bekannt, dass Shan-tze von übermächtigem Wahnsinn beseelt ist und daher vielleicht nichts merken würde.

Aber, als die Priester aus ihrem bösen Traum erwachen, meldet sich ein furchtbar schlechtes Gewissen. Als ob er Wirklichkeit gewesen wäre, fangen sie an, sich gegenseitig zu beruhigen. „Die Soldaten des Königs wären doch schon längst eingetroffen, weil ja Shan tze einmal am Tag mit seinem Vater Schach spielen muss. Das ist ja das einige, wozu er begabt ist."

Zwar ist Kaiser noch nicht ganz verblödet, aber es ist nicht gesichert, dass er das Spiel gewinnen muss. In jedem Fall hängen vom Ausgang des Spiels seine Tageslaune und damit das Leben vieler anderer für ihn unwichtiger Menschen in seinem Umkreis ab.-

Diese Geschichte erzählen sich manchmal die Leute aus der Provinz von Puh-hao, wenn sie um ein Feuer hocken.

Dann verklären sie diesen Traum zu einem gemütlichen Essen an einem großen Fleischtopf, aus dem sie nach Lust und Laune ein Stück ‚Königs-Fleisch' nach dem anderen nehmen und in ihren beredten Mund stecken. Reis und Kohl liefern die Zutaten, Reiswein verflüssigt das Mahl bis zum Umfallen.

122. Geschichte: Gespräch mit dem Mond

Vieldenker, die sich bis ins Alter geistig geschult haben, lassen sich nicht abschieben. Anstatt sich in die Hände raffgieriger Pfleger zu begeben und langsam einzugehen, können sie frei herumlaufen. Auch Pih-fen Tzu ist froh darüber, dass er noch selbstständig sein darf und andächtig den Berg herunter schreiten kann. Doch zu plötzlich wirft er seinen kahlen Kopf so heftig in den Nacken, dass er nur ganz kurz die Wolken durch das Mondlicht ziehen sieht und schon auf seinem krummen Rücken zu liegen kommt. Sein Freund Mien-ts'ing, der zufällig mit einer Kanne grünem Tee vorbei kommt, tritt zu ihm und blickt besorgt auf ihn herunter: „Ehrwürdiger Freund, suchst Du etwas oder bist du nur dumm gefallen. Wenn Du in den Krieg der Sterne ziehen willst, musst du aufstehen und aufrecht zum Licht wandeln. Hier, nimm erst einmal einen Schluck." Gesagt, getan. Der Alte kann sich aufrappeln, und schon gehen sie gemeinsam den Berg herunter. Es wird ein angenehmes weitschweifiges Gespräch. Vor allem schlagen sie sich einige unverständliche Sprichwörter, die wohl Barbaren eingeführt haben, um die Ohren. Warum sollte z.B. ein Vogel seinen Schnabel auf dem Land in eine Meeresmuschel hacken und darin stecken bleiben!

Die beiden wollen lieber Perlen ins Dunkle nach Säuen werfen und dabei an einem Baum auf einen kranken Hasen warten, der dagegen läuft und sich das Genick bricht. So vergeht eine Stunde nach der anderen; denn der Hase hat wohl keine Zeit zu kommen. Bis zur Morgendämmerung, die der weißlichen Farbe eines Fischbauchs gleicht, haben die beiden Alten zwar das Leben fast verpasst, weil alles zu spät ist. Dafür haben sie aber einen neuen grünen Tee bis zum Abheben probieren können. Sie müssen sich also nicht wie Fische auf Pferdewegen fühlen, die um Wasser aus dem nahen See flehen und die dann wegen der Umständlichkeit der helfenden Beamten aus dem Land K'uei gesalzen in einem Fischgeschäft landen.

123. Geschichte: Ungleicher Pakt

Die Sperlinge pfeifen es von den Strohdächern in Wei. Die Regierung ist wohl bei der Neujahrswende plötzlich nicht mehr im Einklang mit sich selbst. Ying und Yang streiten sich nämlich um ein unschuldiges gerissenes Schaf, während eine Schar krächzender Geier um sie herum kreist und Staub aufwirbelt. Dabei sind sich doch Ying und Yang bislang immer – wie verzögert auch immer - einig geworden. Das eine Mal einigt sie der abgestellte kluge Kanzler aus dem Lager Ying, das andere Mal der aus dem Lager der Yang. Immer für ein halbes Jahr.

Astrologen besitzen viele Erfahrungen mit Missdeutungen an Feiertagen und in den alltäglichen Niederungen der Politik und eilen daher immer gern für eine gute Mahlzeit herbei. Aber auch diese Berufsgruppe kommt nicht mehr mit ihren Spekulationen weiter. Wer ist der Stärkere, wer der Schwächere? Wer kann sich den größten Teil des Schafes sichern? Das sind natürlich berechtigte Fragen, für deren Beantwortung der ein oder andere ungern sein Leben lassen oder lebenslang im Kerker landen würde.

Als die Geier angesichts der Ungewissheit der Lage immer tiefer fliegen und immer frecher nach Ying und Yang zu hacken beginnen, steht plötzlich das Schaf auf und schreit außer sich vor Wut: „ Eigentlich habe ich mich doch schon damit abgefunden, tot zu sein und zu gleichen Teilen verspeist zu werden, aber, weil ihr euch nicht einigen könnt, muss ich vor Ärger wieder lebendig werden. Ich verschwinde jetzt auf meine alte Weide. Ihr könnt' mich mal....!" Selbst die tiefblickenden Geier sind so verblüfft, dass sie das zwar arg zerzauste, aber irgendwie noch lebende Schaf ins Land des grünen Friedens ziehen lassen. Auch Ying und Yang haben jetzt nichts mehr zum Streiten, außerdem fällt ihnen schon lange nichts mehr ein. Die Freiheit hat das Opfer weggelockt, das sein Schlachtfest nun wohl allein feiern muss.

Die Astrologen, die noch nicht einmal die Weisheit des heiligen Kalenders, geschweige denn Zukunft verstehen, schieben die Erklärung auf irgendeinen der 12 Erdzweige und der 10 Himmelstämme. Sie irren sich gründlich, wenn sie meinen, Mond- und Sonnenbahn gleichmäßig miteinander verrechnen zu können. Dann würde die Geschichte wieder von vorne beginnen. Außerdem müssen spätere Generationen herausfinden, ob das Ereignis zufällig in einem der Jahre des geschorenen Schafes statt gefunden hat oder es eher eines der durchwachsenden Jahre zwischen Schwein und Hund gewesen ist. Oder umgekehrt.

124. Geschichte: Glocke an Frau

Einige zimmern sich ihre Jahre, die sie meist zufrieden leben, ganz volkstümlich aus Tierbezeichnungen und Elementen zusammen, errechnen - kaum für Fremde nachvollziehbar - die Monate, lassen die Wochen gleich weg und zählen die Stunden auch noch doppelt. Dann streiten sie sich noch darüber, ob der nächste Tag um Mitternacht beginnt oder eine Stunde vorher.

Kein Astrologe oder andere Menschen, die zu viel Zeit haben, können damit zufrieden sein, nur anhand des Kalenders eines heilig gegarten Kirchenfürsten aus dem Barbarenland im Westen die Zukunft vorauszusehen. Astrologen müssen mehr können. Sie müssen z.B. wissen, warum in ferner Zukunft die Nachwelt das Jahr des feurigen Hahns wider Erwarten erreicht haben wird. Das wird der Affen-Jahr-Pferde-Monat sein. Einige Astrologen und Wissenschaftlern aus dem Lande Lou der Maulwurfsgrille sollen sogar erklären können, warum man die Jahre nach 2005 einfach vergessen sollte. Die Zeit danach beschreiben sie mit folgendem Bild: Ein Bauer, der zu viel Reiswein getrunken und daher eine Glocke an seine Frau gebunden hat, wird von einem lauten Klang in der Nacht wach und lacht seitdem nur noch irre vor sich hin.

Könnten die Seher die Volksverblödungsvereinigung einer schwarzen und roten Bande in grauer Zukunft gemeint haben!

125. Geschichte: Musik und Lotos

Dass Lotusblumen hinter kalten Mauern eingehen können, ist bekannt. Schließlich sitzen einige gern auf dieser geschätzten Pflanze. Es wird aber in der Provinz Tsai berichtet, dass der gesamte Bestand von Lotusblumen zur Zeit des Kaisers Li-kao das Zeitliche gesegnet hätte. Zuerst sind sich die herbeizitierten raffgierigen Berater im Unklaren über die Ursache. Dann machen sich plötzlich die Kaiserin Ti-ts'i und ihre geistig zurückgebliebene jüngste Tochter Pao-siao bemerkbar, die beide in der Öffentlichkeit eigentlich gar nichts zu suchen haben. Mit ungestimmter Trommel und Flöte und völlig verkehrter Melodie versuchen die beiden nämlich, ein frommes Lied der Missionare nachzuspielen und vor allem nachzusingen. Die Wirkungen sind verheerend. Der Rest der Lotusblüten im Lande lässt auf einen Schlag die Köpfe hängen und verscheidet. Die Vögel vergessen zu singen. Noch schlimmer ist allerdings, dass der Landesfürst vergisst zu essen, so dass er ein paar Gramm abnehmen muss. Wem auch immer.

Die Berater treten die Ursache aber nicht breit, da sie ja erst einmal längere Zeit gut leben wollen. Erst nach Monaten fassen sie sich ein Herz und raten dem Kaiser, die beiden Musikanten in ausweglosesGelände zu verbannen. Seitdem leben sie allein und ohne Luxus in einem tiefen Wald und können sich musikalisch ausleben. Irgendwann vereinsamen sie im Land ohne Wiederkehr, wenn auch nicht lautlos. Wiedergeburt möglich?

126. Geschichte: Frieren vor Jammern

Sex gibt es offiziell im Lande Teng nicht, schon gar nicht vor dem Lebensabschnitt, den man Ehe nennen kann. Frauen, die wegen ihrer verstümmelten Füße nicht weglaufen können, werden ja zu diesem Zusammenschluss gewaltsam herangekarrt.

Diesen unglimpflichen Anfang vergessen die meisten Beteiligten schnell. Nach den Feierlichkeiten liegen nämlich Mann und Frau meist wie Regen und Wolke auf paradiesischen Bambusmatten und treiben es genüsslich. Damals darf auch noch keiner zusehen und sich dabei auch noch so lange aufgeilen, bis er nur noch mit sich selbst zufrieden ist.

Doch nach diesem wunderbaren Ehe-Einstand bricht meist die nackte Wirklichkeit über die Ehepartner herein. Einige hocken dann auf der Matte ihrer vergangenen unbeschwerten Lust und weinen sich die Seele aus dem Hals. Nichts im Leben will klappen, bald auch nicht mehr das eine, das doch anfangs so viel Spaß gemacht hat.

Worum geht es denn wirklich! Die beiden haben so gut wie nichts zu essen, Kinder und kein Geld. Und von all dem haben sie sehr viel. Selbst die Feier am Drachenfest muss für sie ausfallen, weil sie ihr langes, schmales Drachenboot haben verkaufen müssen.

Fälschlicher Weise glauben sie, dass ihnen nur übrig bleibt, den ganzen Tag fürchterlich vor sich hin zu jammern, sich in ihre verwanzten Bambusmatten einzuhüllen und zu schlafen. Wie überall in der Welt sind es die alten zahnlosen und weisen Frauen mit ihren welken Körpertei-

len, die die jungen Leute aus ihrem zur Verzweiflung trei-
benden Tiefsinn aufscheuchen müssen. So spricht auch
Sao-sou die selbst für verstopfte Ohren wohlklingenden
Worte: „Ihr feigen Säue, nehmt endlich Euer Leben in
Eure Hände und kämpft. Werft die Matten in die Kälte und
friert lieber, anstatt Euch zu Tode zu jammern!" Dieses
hexenartige Gekreische stört sogar einen schlafenden
Hund hinter dem letzten warmen Ofen im Dorf und treibt
ihn ins kalte Freie weit weg.

Und Wolke und Regen treffen sich seitdem erst nach getaner Arbeit, wobei sie sich wie zu Beginn wieder mit dem
Zauber der heimlichen Freude umgeben.

127. Geschichte: Vom hohen Gipfel her

Eine Eule hat unerträgliche Hals- und Nackenschmerzen. Völlig verspannt und steif sitzt sie auf einem hohen spitzen Berggipfel. Sie kann nur starr geradeaus ins weite Rund vor sich blicken. Da sie ihren Hals nicht wie sonst ausreichend drehen und wenden kann, kann sie auch nicht ihre wenigen Feinde hinter sich genau erkennen. Es entgeht ihr fast, dass diese sie vom Sockel stürzen wollen. Doch, weil die Waldmäuse im gleichen Augenblick aus dem dunklen Grün massenhaft und fast flehend zu ihr empor piepsen, erwacht wieder der Jäger in diesem Tier. Die Eule strafft sich, die Blockierung schnappt auf, und sie kann ihren Hals wieder um 360 Grad drehen. Die Duckmäuse hinter ihr machen sich feige und eilig davon. Hätte die Eule zu lange in ihrer starren Haltung da gesessen und hätte sie sich nur vom Glauben an ihre Sicherheit ernährt, hätte sie den Augenblick verpasst.

Im Vergleich dazu sitzt der hohe Beamte Yen-tse, da öffentlich umfassend beatmet, sein Leben lang untätig und schlapp herum. Das kommt davon, wenn Halbbildung reicht, um ohne Leistungsabgabe regelmäßig aufzusteigen und bezahlt zu werden. Die Bestimmung dieser mehr oder weniger überflüssigen Kaste besteht darin, unendlich viele Bestimmungen auf Bambustafeln zu pinseln, zusammenzubinden und wie Bücher den breiten Volksschichten um die Ohren zu hauen. Hoffentlich kann das Volk kein Mandarin lesen, was wahrscheinlich ist, wenn sie keine Literaturbeamten sind. Sonst kämen sie in die Verlegenheit, alles genau zu befolgen. Immerhin haben sie viel Übung darin, so zu tun, also ob.

128. Geschichte: Tiere können nicht alles

Im Gegensatz zu Tieren, die nicht alles können, glauben Menschen schon seit der Zeit des Sien, alles zu können. Sie kriechen, fliegen, reiten, laufen, springen, fahren mit Dschunken auf Flüssen, steigen Berge hinauf und vieles mehr. Tiere können nichts für das, was sie nur können oder nicht. Sie sind eben noch ohne Bewusstsein über sich. Auch das merken sie nicht. Menschen mit ihrem Bewusstsein können über sich nachdenken und kommen doch nicht darauf, dass sie sich bescheiden müssen und nicht irgendwo blind in die Natur eingreifen dürfen. Da muss irgendwo der Wurm drin sein, der ja dafür nichts kann, weil er ja nichts denkt.

129. Geschichte: Was so alles keimt

Im Herbst vergraben die Bauern Blumenzwiebel jeder Art im Boden, die dann im Winter wachsen: Manche achten, warum auch immer, auch darauf, dass es keine von den Barbaren eingeführte Blumen sind, die auch noch mit dem gleichen Zeichen enden. Hier entstehen also wohl keine sich ergänzenden oder sogar gegensätzlichen Bedeutungen.

Oder die Bauern säen alles Mögliche im Frühjahr unter die Böden, damit es keimen und wachsen kann. Den Reis stecken sie jedoch in Wasser, wenn da. Manchmal schwimmen die Pflänzchen weg, wenn zu viel.

Völlig ohne feste Jahreszeiten in den jeweiligen dreizehn Monaten, irgendwelche Rituale fürs Säen und Ernten oder Regeln der Zusammenarbeit kommt immer schon der Wahnsinn aus. Er keimt und wächst unentwegt, wenn ihm nicht ein kluger und mutiger Mann den Garaus macht.

Dabei kann es sich wohl nicht um einen Angehörigen der herrschenden Oberschicht handeln, die ja gut vom Wahnsinn in Form vermittelter Wahrnehmungsverzerrungen lebt und damit das Volk gern zu ihren Gunsten unterdrückt. Und so sollte es noch 2500 Jahre gehorsam vor sich hin laufen. Das wird in Büchern Volksherrschaft heißen, umgangssprachlich wird sie aber wohl nur das sein, was hinten an schlecht verdauter Natur heraus kommt.

130. Geschichte: Hauptsache viele

Auch im Lande Ts'in-hai-t'ang hocken die Menschen in großen Familiengebilden aufeinander. Clans müssen daher vor allem durch die alten männlichen Knochen geregelt werden, die - so gebrechlich sie auch sind - durch den zahnlosen Mund Gehorsam ohne Ende erheischen. Nicht nur ist der einzelne prinzipiell wenig wert, die Ausrede ist auch die, wegen der Überschwemmungsgefahr unbedingt zusammenhalten zu müssen. Das kann man ja alles noch verstehen.

Doch es geht nicht nur darum, dass auch die Söhne von Mäusen Löcher graben lernen. Vom gehorsamen Kind muss es ja weiter gehen zum gehorsamen Untertan, der sich den machtvollen, reichen Ausbeutern und ‚Idioten' an der Spitze der Gesellschaft nicht nur äußerlich unterwerfen, sondern es sicherheitshalber auch innerlich wollen muss. Also ‚Schnauze' halten, immer zustimmend nicken, lächeln und hinten herum dann eben trickreich machen, was man will.

Frauen bleiben dabei aber immer im Hintertreffen. Eine Schwiegertochter, die in der Familie ihres Mannes leben muss, darf zwar dem Schwiegervater noch nicht einmal versehentlich beim ‚Pinkeln' zusehen. Distanz muss sein, um einen ansonsten leeren Raum zu schützen. Damit aber die Männer ihren Dreck nicht selbst beseitigen müssen, gibt es klare Regeln. So müssen die Schwiegertochter, Tochter oder Schwester oder ein anderes von Patriarchen für minder bemittelt gehaltenes weibliches Wesen alles vorne oder hinten zufällig oder absichtlich Ausgeschiedene beseitigen: in welcher Reihenfolge auch immer. Dabei brechen oder auch nur würgen dürfen die Frauen auf keinen Fall, sie dürfen noch nicht einmal ihren Ekel offen im Gesicht tragen. Im Gegenteil muss ihr Gesicht vor Freude, Aufopferung und Eilfertigkeit glänzen.

So gewöhnen sich alle Generationen über Jahre hinweg an jede Art von Gestank und empfinden ihn dann sogar als angenehmen Wohlgeruch. Dass die Männer, die sich vielleicht nur an fest gelegten Feiertagen waschen und die das auch selbst wenig stört, stinken dürfen, ist ohnehin allen klar und erlaubt. Das muss nicht geregelt werden. Nur Tabak- oder Opiumrauch überdeckt manchmal diese Ausdünstungen und hüllen alles in dumpf-nebeliges Sinnieren ein. Diese Stimmung liefert hin und wieder auch lebensphilosophische Beiträge wie z.B., dass sich vergossenes Wasser nicht zurückholen lässt. Die Frauen versuchen natürlich, bestimmte Situationen zu vermeiden. Sie sehen z.B. zu, dass sie sich in die Küche zum Hirsekochen verdrücken, um wenigstens ihren Tagträumen nachgehen zu können. Erleichternd wirkt auch, wenn sie an der frischen Luft arbeiten dürfen.

Aber selbst da, wo sich die Familienmitglieder immer noch nicht leiden können, werden sie doch zu einer gemeinsamen Einheit zusammengeschweißt, wenn es um das tagtägliche nackte Überleben geht, d.h. ums Essen. Dann sind sie gut zueinander und strahlen Herzenswärme aus. Da alles dem Clan gehört, eigentlich den Männern und dann noch dem ältesten, wird das Essen nicht fest auf einzelne verteilt und in ihre Verfügung gestellt. Dennoch ist zentral gesichert, dass jeder ohne Streit nach seinem Bedarf ausreichend zu essen hat, auch wenn es oft wenig sein muss.

Die Barbaren im Westen scheinen wohl anders gestrickt zu sein. Offensichtlich leidet der einzelne am Unabhängigkeitswahn für sich allein. Dann kann es vorkommen, dass ein Familienmitglied in der Verwandtschaft - wie auch immer nachgeholfen - gern alles allein an sich nimmt, den anderen dafür nichts oder ganz wenig gibt und manchmal sogar das Weite sucht. Helfer, die sich mit Gesetzen auskennen, stehen ihm zur Seite, so dass er selten Gewalt anwenden muss.

Diese Haltung können natürlich jene kollektiv eingestellten, gelassen-heiteren Menschen in der Mitte, die Natur Natur sein lassen und alles, was von außen kommt, höchstens dem Hier und Jetzt anpassen, kaum verstehen. Die Missionare können weder richtig zählen, noch sprechen, noch lesen. Daher können sie gar nicht wissen, in welchem Land sie sich befinden. Das nennt man wohl am Ende ein Schaf schlachten. Dennoch erklären sie genau jene barbarische Haltung zum Wert und die Sitten des Clans zum Unwert. Angeblich würden sie sich ja anders waschen oder gar nicht, mit Stöcken um sich schlagen, sich gegenseitig bestechen, Ratten oder Schlangen mit Stäbchen, ohne Manieren und Stühle essen und daher nicht zu ihrem inneren Leben aufsteigen. Das versuchen diese höherwertigen, geschlechtlich meist neutralen Missionare ihnen mit Hilfe eines künstlich eingepflanzten Gewissens gewissenhaft auszureden. Der Zwang geht allerdings meist gründlich in die Hose. Diese Heiligen wissen ja noch nicht einmal, dass man sein Bambusbesteck nicht im Reis liegen lassen darf oder besser für 5 Gäste deckt, auch wenn nur 4 eingeladen sind. Schließlich ähnelt die Aussprache des Wortes vier der des Wortes für Tod. Die Leute in diesem Reich sind ganz einfach gestrickt, eben wie Menschen so sind. Sie wollen daher ihre Werte nicht durch fremde versuchen bzw. verseuchen lassen. Noch dazu, wo es sich um Werte handelt, die sich in der Not in heiße Luft auflösen können. Die Überzeugungskraft der Missionare wird auch dadurch geschwächt, dass ein Bruder hin und wieder innerhalb der eigenen vier Wände einen anderen Bruder am anderen Ufer sucht, um sich zu wärmen. Das kommt bei den Menschen hier, die dies höflich beobachten und nicht zum krank machenden Keuschheitsgebot neigen, nicht so gut an.-

Und so könnten diese Menschen erst glücklich werden, wenn andere Fremde von außen kommen, die die Räucherkerzen und Opiumpfeifen der Einheimischen nicht ausblasen, sondern die Han-jen in ihre roten Kirchen mit schräg abgeknickten Dächern nur als Gäste einladen. Das könnte allerdings nur nach getaner Arbeit sein. Die findet aber durchgehend statt, nur unterbrochen durch das Trinken von grünem oder anderem Tee oder dem Fassen von ein paar Schalen Reis. Es ist zum Schreien, aber die Missionare kommen hier einfach nicht weiter.

131. Geschichte: Sternbild Schmarotzer

Die wahre Größe von verwirrten Ländern fern ihrer Mitte nährt sich vom Glauben, dass das Volk alles hinnimmt und keiner den Mut zum ‚Flöten-Blasen' hat.

So tief sitzt manchmal der Stachel des Unwissens in der Masse des niederen Volkes, dass es Aufklärung als Falschmeldung interpretiert und den Voraussagen der Gerüchteküche von Astrologen glaubt. Die haben nämlich anhand von Räucherstäbchen behauptet, dass es keine Herrschaft der Störche über die Frösche gibt. Die verwöhnten Regierungsverwaltungen müssen also noch nicht einmal Statistiken fälschen oder einfach gekonnt abstreiten, dass die öffentlichen Kassen nur für die Frösche unten leer gerechnet sind. So wächst die für die Oberschicht ausbeutbare Zeit ins Bodenlose. Jeder verirrte Idiot unten arbeitet nämlich jetzt gern freiwillig, bringt fast kostenlos Leistungen bis ins hohe Alter und stirbt, fällt er nicht den falschen Drogen anheim, doch relativ spät. Im Clan hilft man sich ja gerade im Tal des Hungerns und Dürstens noch mehr als auf dem Berg. Es helfen in konzentrierter Form z.B. Tees, Kräuter, Akupunktur, ein paar Gifte, etwas Kung-Fu und Meditation sowie Ginseng in der Suppe und knusprigen, fleischarmen Hühnerkrallen. Essen die Angehörigen der unteren Schichten dann noch 1000 Li Tschis für ihr Yang und trinken dazu für ihr Yin ein Gemisch von Zuckerrohr und Wasserkastanien, sind sie plötzlich so gesund, dass sie ohne teure Ärzte auskommen. Diese bekannten Scharlatane können ohnehin nur Krankheiten ausschließen und von der Heilung weniger Krankheiten leben. Fettsucht müssen sie gar nicht erst behandeln, weil es sie nicht gibt. Derjenige, der möglichst, ohne zu denken, arbeitet, denkt bekanntermaßen auch weniger ans Essen. Aber selbst, wenn einer in den wenigen dafür vorgeschriebenen Pausen, denken könnte, wäre ihm das wegen der nervtötenden niedrigen Arbeiten schon längst vergangen.

Dennoch verlängert sich das Leben bei Hunger und unerträglicher Arbeit, bevor noch das weiße Fohlen die Furche übersprungen hat. Dazu trägt auch der Zusammenhalt der Gemeinschaftseinrichtungen der unteren Schichten bei. So ermöglicht Erziehung zu den guten Sitten des Wohlverhaltens eine verantwortliche Sippenhaftung, denen oben kostet sie auch nichts. Schon den kleinen Kindern wird eingetrichtert, dass sie nur durch Kriechen hoch kommen und fehlende Anpassung der Anfang vom Ende bedeutet. Der Versuch zu entrinnen ist hoffnungslos; denn keiner sagt ihnen, dass sie immer unten bleiben werden.

Erst Jahrtausende später wird sich das schlagartig ändern, wie Astrologen zur Überraschung aller im Sternbild des lauwarmen Schmarotzers entdeckt haben wollen. Das Volk als frei sein Schicksal wählender Fremdkörper soll dann sogar das Recht dazu haben, diese Sackgasse in Form einer Versammlung, die es vertritt, auch noch selbst wählen zu dürfen. Was würde die Herrschaft des Volkes, das die so genannte Mehrheit hat oder ist, an der Herrschaft der wenigen Störche über die vielen Frösche ändern! Auch ohne dass Gewalt ausgeübt wird, würde das Gleiche dann weiter legitim sein. Auf der einen Seite lassen sich selbst ungebildete Störche immer noch doppelt und dreifach bezahlen und müssen dafür immer noch fast nichts dafür leisten, auf der anderen Seite lassen sich selbst die gebildeten Frösche dafür immer noch mehr abnehmen. Die Vertreter der Versammlung würden übrigens dann zu den Störchen gehören und dem Volk einreden, dass sie zu ihm gehörten. Für die Verwaltungsbeamten würde sich nichts ändern. Auch wenn sie wissen, dass in den Bergen Tiger wohnen, würden sie dort Reisig sammeln.

Und wer heute oder morgen nicht merkt, dass sich nur Altes zum Alten wandelt, ist selbst schuld. Wer dies heute zufällig merkt und auch noch sagt, hat mit dem Tod zu rechnen oder darf bei Bauarbeiten des Kaisers lebenslang mithelfen oder wird in die Wildnis geschickt. Wer dies morgen zufällig merkt und auch noch sagt, wird nicht ernst genommen oder krank oder landet in geschlossenen Häusern für Kopfkranke, in denen ihnen ein neuer Geist eingehaucht wird. Manchmal reicht allerdings schon aus, wenn er keine Arbeit hat oder bekommt. Dann erledigen die Verhältnisse alles selbst.

Woher soll also in dunklen Zeiten unten der Wille zum Umsturz für einen verbindlichen Wandel oben kommen, der auch unten zum Guten führt!

132. Geschichte: Glücklich ohne Arbeit

Die unteren Schichten schlagen sich gern um unechte Arbeit und ehrbare Mehrarbeit, für die sie nicht gerecht bezahlt werden. Wem Bezahlung außer für ein bisschen Reis nicht so viel bedeutet, braucht sich auch nicht über fehlende Arbeit aufzuregen und durchgedreht nach niedriger und unbezahlter Arbeit zu suchen. An diesem Zustand kann man sogar Spaß haben, wie die alten durchgedrehten Anarchisten und Individualisten in ihren Einöden vor sich hin gesittet haben. Völlig unsinnig wäre es zu glauben, Arbeitssuchende hätten eine Anerkennung verdient, wo diese schon die wenigen fest Beschäftigten nicht haben. Die ausfuhrenden Organe beuten aber wegen der von Gesetz und Recht entleerten Himmelshalle das still vor sich hin leidende Volk ohne Arbeit nicht nur aus, sondern gestatten ihm noch nicht einmal klägliche Hinzuverdienstmöglichkeiten für sich.

Wer würde diese bewährte Tradition des heiligen Stillstands schon gern ändern! Das Volk würde sich nur selbst verwirren. Und die herrschenden Regierungen aller Zeiten haben immer schon geschickt vom Gerede um echte Arbeit abgelenkt, um keine schlafenden Hunde zu wecken. Nachher kommt noch einer auf die dummen Fragen „Was ist Arbeit und - viel schlimmer - arbeiten die da oben eigentlich richtig und sind sie dazu befähigt?"

Die Störche sind aber nicht dumm, sie wollen ja weiter machen, was ohne Sklaven nicht geht. Wenn also das von globaler Menschlichkeit weitgehend befreite Wirtschaften in die eigene Tasche zu viele Opfer verlangt (was ja ganz selten eintritt), würgen sie die menschliche Würde eine Zeitlang weniger ab. Herrscher wie Tao-shih und sein Clan streuen dann sicherheitshalber Sterbeaufschubszahlungen für die sozial randständige Berufe aus.

Während so Bauern, Händler, Handwerker, Huren, Philosophen, Lehrer, Wissenschaftler, Schriftsteller, Holzfäller, Hundekoteinsammler, Matrosen, Seeräuber gerade noch einmal davon kommen, streichen sich davon die einschlägigen Minister, Beamtenbürokraten, Priester und Rechtsverdreher, die meist keinen richtigen Schulabschluss haben, ein schönes Zubrot für die Vermittlung ein.

133. Geschichte: Alles wird besser

Früher, in den Zeiten der wirklichen Mitte, ist der größte Gegensatz der zwischen Leben und Tod gewesen. Jetzt ist das Gegenteil vom Leben ohne Arbeit der gleitende Übergang ins Sterben ohne Geld. Das ist der größte Fortschritt in Ländern, die ihre Mitte verloren und in denen die satten Störche sich fast vor Reichtum an den ihnen dienenden Fröschen überfressen haben.

Wer ohne bedeutungsvolle Arbeit lebt und wen nur Familie, Verwandtschaft, Freunde und Bekannte so durchs Leben tragen, der merkt keinen Unterschied zum Sterben. Er braucht auch kein Geld zu zahlen - wenn er es überhaupt hat -, um endlich tot sein zu dürfen. Nur, wenn Beerdigungen anstehen, erhalten Mitglieder der Sippe das seltene Vorrecht, zumindest nachts den so genannten Himmelssöhnen nicht dienen zu müssen. Schließlich darf die Sippe die Kosten dafür tragen, die Toten nach einer schönen nächtlichen Feier bei Fackelschein auf den Friedhof den Ahnen zu übergeben. Die Clans und Familien sind sogar so beweglich, dass sie die Verstorbenen an welcher kaiserlichen Baustelle auch immer abholen und in ihr Heimatdorf geleiten.

Gut ist, dass Verwaltung überflüssig wird, wenn das Volk freiwillig geht und den Störchen oben alles überlässt. Warum sollte es denn ein Volk geben, das auch gern reich wäre und Macht haben würde! Nur die Störche können doch damit umgehen. Und sie haben es ja auch nach hart von oben angeordneter Arbeit, die ihre Taschen verantwortlich gefüllt hat, verdient. Wird es so weiter gehen bis in die unbekannte Zukunft, in der kein Dreckwasser mehr benutzt werden muss, weil sauberes Wasser fehlt?

134. Geschichte: Kluges Betteln, zu einfach

Irgendwann beginnt man in der vereinigten Reichsunion aus dem annektierten Barbarenland billigere Arbeitssklaven zuzuliefern oder Gefangene aus Dienste leistenden Raubzügen in die Arbeitswelt vor Ort einzuführen. Plötzlich werden die normal-billigen und dann noch verbrauchten Arbeitssklaven freigesetzt und dürfen höchstens vom Betteln leben.

„Wozu mit hohem Aufwand öffentliche Almosen beantragen, wenn es einfacher ist, sie an Straßenecken und Palästen zu erbetteln!" denken sich diese Armen, die sich für kluge Freigesetzte halten. Sie haben eben aufgepasst. Sie sind also nicht vorschnell mit ihren Füßen auf den hinter einem Stein hervortretenden Schwanz einer vermeintlichen Schlange getreten, ohne den höheren Fels dahinter genauer zu beobachten. Daher haben sie rechtzeitig erkannt, dass der Schwanz zu einem gefräßigen Drachen gehört.

Leben und Sterben der einfachen Menschen kosten also so nichts mehr, wie der rattengesichtige Finanzminister des kaiserlichen Sekretariats schon lange hoheitlich gefordert hat. Wo käme man auch hin, wenn diejenigen, die genug bekommen, für die Kosten des überflüssigen Unterhalts von Bettlern aufkommen würden. Eine solche Volksschicht besteht auf jeden Fall nicht aus Menschen, die dem Himmel irgendwie nahe wären. Die Geschichte lehrt einprägsam, dass alles - und vor allem die Menschlichkeit - im Fluss bleibt. Man weiß nur noch nicht, in welchem. Wer will oben schon gern wissen, dass Menschen Einhornhörner oder Phönixfedern sind!

Bei aller Klugheit haben die Bettler aber vergessen, sich regelmäßig zu waschen. Sie stören also bald das Straßenbild, weil sie himmelschreiend vor sich hin stinken. Das nehmen auch Kaiser oder von buddhistischen Nonnen zu Kaiserinnen gewandelten Alleinherrscherinnen mit ihrer feinen adeligen Nase wahr. Sie lassen sich ja schon hin und wieder dazu herab, sich in Sänften von gelegentlich Arbeitenden vorsichtig durch die Stadt tragen zu lassen, und verirren sich so fast in die Nähe des gemeinen Volkes.

135. Geschichte: Verordnete Zwangsarbeit

Wieder ist ein Zeitpunkt erreicht, an dem sich etwas ändern muss, was immer das heißt. Auch am Betteln kann man etwas ändern. Es dürfte nur abwegig sein, Bettlern, die einem nicht passen, zum besseren Wohlgeruch und eigenen Vergangenheitsverarbeitung, Reiswein über den Kopf zu gießen.

Ohne auf überflüssige Gespräche und Gewissenbisse, aufwendige Sitzungen einschlägiger Banden und Widerspruch einzelner einzugehen, befiehlt der Kaiser, in einer groß angelegten Aktion die Armen in einem fern gelegenen und unzugänglichen Wald zusammenzuführen. Lockmittel ist das Versprechen von köstlichen Speisen. Das bettelnde Volk, dumm und korrumpierbar geworden durch länger andauernden Mangel, fällt darauf herein. Auf einer großen Lichtung dürfen die Bettler erst einmal mit leerem Bauch für die Oberschicht Holz hacken, Tee sortieren, goldene Gefäße für die Notdurft und Möbel herstellen. Erst kurz vor dem Zusammenbruch erhalten sie die Chance ihres Lebens. Was sie immer haben vermeiden wollen, passiert. Sie erhalten karrenweise Holztafeln, um bei den zuständigen Beamten einen Antrag auf weitergehende Grundnahrungsmittel zu stellen.

Der Wald ist umstellt von den Soldaten des Kaisers, so dass Flucht zwecklos ist. Wie der zentrale Minister für die Wiederbeschaffung von Arbeit prophezeit hat, haben zentral faulenzenden Beamten endlich wieder eine neue Aufgabe, die sie aus- und abfüllt. Diese Freunde der Schildkröte (Kuei-p'eng) dürfen schwache und wehrlose Menschen piesacken und erhalten dafür eine Prämie für die Nicht-Vermittlung ins richtige Leben. Das moralische Prinzip aus dem heiligen Buch der vier Arbeitssiegel lautet: Keine richtige Arbeit, kaum zu essen, dafür keine Lebensgelegenheit und Hoffnung auf ein frühes Ende.

136. Geschichte: Leben ohne Selbstachtung

Schrittweise entsteht aus den Erfahrungen mit dem niederen Volk eine umfangreiche Anleitung zur Verbreitung von Unbelehrbarkeit. Ihre Werkzeuge dienen der sozialen Befriedung von randständigen und aufmüpfigen Armen, die noch nicht einmal kostenlos sterben wollen.

In dieser rückständigen Zeit können die Alleinherrschenden wertvolle, aber unpassende Menschen noch nicht massenweise zum Verschwinden bringen. Da die Oberschicht zwar schon einen Verwaltungsapparat, aber noch nicht die technischen Möglichkeiten dazu hat, bleibt den Herrschern also nichts Anderes übrig, als den Armen ihre Selbstachtung zu nehmen. Das dauert in Ländern der so genannten Mitte in den unteren Schichten ganz schön lange. Eigentlich ist das verwunderlich, denn sie haben ja zusammen auch gelernt, andächtig nach oben zu schauen, in den Kotau zu fallen, zu jedem Tritt von oben zu lächeln und laut danke zu rufen. Das Lächeln würde ihnen nur vergehen, wenn sie ihre Stirn bis zur Ohnmacht auf den Boden gehämmert hätten. Jedenfalls führt dieser Teil der Erziehung dazu, dass der relativ unwichtige Charakter von Volk nicht so verdorben wird, wie er bei denen schon ist, die nie genug bekommen. Die Armut erzieht also die vielen dummen Frösche zur Demut gegenüber der kleinen selbstsüchtigen Gruppe mächtiger Störche. Was will das Ministerium für die Anpassung der unteren Volkesschichten an die heiligen Anforderungen von oben mehr als ein halbgebildetes, fast totes Volk ohne Hirn.

137. Geschichte: Kontrolliertes Misstrauen

Der Kanzler des Kaisers fällt nach dem Genuss von sehr viel Reiswein völlig aus der Rolle, weil er in der erreichten Entwicklung der Ausbeutung ein Problem erkannt zu haben glaubt. Er teilt dies sofort dem Leiter des Geistwäscheministeriums mit, dem unbestechlichen und daher sehr reichen Eunuchen ,Pi-sa-tze'. Bei einem der vielen großen Fressen mit handverlesenen Gästen wie z.b. Adeligen, Nutten, ehemaligen Ministern, Beratern, Bandenvertretern und Speichelleckern wird das erkannte Problem so weiterentwickelt, dass es nicht mehr gelöst werden kann. Das nennt man Regieren. Damit dieses Prinzip nachhaltig funktioniert, hat der Kanzler des Himmelssohns ein weiteres sinnvolles Amt eingerichtet, das die Arbeit aller anderen kontrollieren und verbessern soll. Dabei ist jedes Mittel recht. Beweismittel können gefälscht werden, Zeugen bestochen und (im Ausnahmefall) kann jemand vorübergehend aus dem öffentlichen Leben entfernt oder auf Dauer ins Jenseits befördert werden. Der Kaiser freut sich herzlich über diese Einrichtung.

Wichtig bleibt nur, wofür ja eigentlich die Verwaltung da ist, dass keiner unten versteht, was die da oben machen. Keiner darf auch merken, dass die Amtsträger weder lesen noch schreiben können, dafür aber sehr gut für sich rechnen können. Die Umsetzung muss einfach gelingen. Es ist den Lokalverwaltungen nämlich gelungen, dafür gut ausgebildete Beamtenfunktionäre aus dem Osten für Neutralisierungs- und Beeinflussungsmaßnahmen und Gewaltandrohung einzusetzen. Die alten braunen Funktionäre sind ja schon ausgestorben. Farbe hin oder her, Hauptsache die Herrschaft von oben stimmt. Es gibt immer genügend Hundebeine, die mitlaufen und den Herrschenden hinten herein kriechen.

Und so geht alles Jahrhunderte und Jahrtausende lang seinen alten bewährten Gang, bis endlich eine zufällige oder menschengemachte Naturkatastrophe allem ein Ende setzt. Nur ein paar wenige Störche können rechtzeitig in eine andere Welt fliehen, wo sie sich nutzen können. Und wenn nicht, wird ihnen schon was einfallen.

138. Geschichte: Heimlicher Wissensentzug

Um der Gefahr des höheren Durch- und Überblicks vorzubeugen, hilft das neue Wissensentwertungsministerium Menschen ohne Mitte, die den schnellen Rat in erneuerbaren Sackgassen suchen.

Die beauftragten Beamten sowie sie unterstützenden Schmarotzer und Lakaien des Hofstaates sind meist mit der Kaiserfamilie verwandt. Dieser geballte Sud, der alles Fremde abstößt, will eben auch mal kurz vor dem Lebensabend etwas Anständiges erlernen. Diese Füchse können ja meist noch nichts, außer die Macht der Tiger für sich nutzen. Sie dürfen außerdem noch nicht einmal auf dem Esel sitzend das Pferd suchen. Scharenweise locken sie also arme Bauern, Handwerker, Alte, Kranke, Behinderte, Händler, Philosophen, Gelehrte und Randgruppen, sogar Frauen mit dem falschen Versprechen auf Wissen und Leben in die großen Vorhallen der Wissensentwertungsämter. In manchen Provinzen heißen sie Min-ts'an-t'ang (Halle der bedauernswerten Frösche) und arbeiten direkt mit den Bestattungsämtern zusammen. Im Vorhof dieser Paläste, in denen nur hochgradig ausgebildete Verwalter arbeiten, zahlen die Ratsuchenden für diesen guten Zweck einen Obolus in Münzen oder Naturalien ein. Dann werden sie durch gelegentlich Dienende auf die Gänge vor den Beratungsverschlägen verteilt, hinter denen lautes Gelächter und das Geklimper von Teetassen erschallt. Dort kann man es aushalten, die Ratsuchenden fühlen sich fast heimisch. Der Schein trügt aber; denn sie hören wegen der lauten zur moralischen Besinnungslosigkeit anregenden

Musik nicht, wie hinter ihnen die Schranke zur Außenwelt zufällt. Tollwütige Hunde besetzen den Ausgang und hindern sie daran, ins Leben zu treten.

Die mit Rat zu Erschlagenden sollen so lange nicht mehr herauskommen, bis sie nichts mehr wissen und wieder für jede Drecksarbeit geeignet sind, für die sie als Gegenleistung nichts erhalten als ihr nacktes kümmerliches Leben. Mit dem Wissen haben sie auch ihr Bewusstsein verloren. Daher merken sie nichts davon, dass sie alles nur wollen müssen. Und Wissenswäsche ist ja auch gut so, wie ein ‚warmer‘ weiser Dorfältester einmal von sich geben hat. Oder?

139. Geschichte: Zum Guten zwingen

Aber nicht nur Wachhunde vor den Amtshallen und offizielle Würdeträger verrichten in diesen schönen und edlen Zeiten wertevolle Dienste am Volk unten. In den westlichen oder östlichen Provinzen ist auch das richtige Gemüt angesiedelt, um in Form besonders dressierter ‚Polypen' den Menschen unten ihr Restwissen abgeben zu helfen. Diese hirnlosen Schnüffler können allerdings nicht lesen und schreiben. Das macht fast nichts. Sie folgen abgöttisch gern Befehlen und treiben die Antragsteller zu den Hunderten von - mit Bambusbändern verbundenen - Antragstafeln hin. Beim Ausfüllen müssen dann etwas besser ausgebildete Schrift-gelehrte ran, die laut den Gerüchteverbreitungsämtern jeden einzelnen Fall kennen sollen. Die Antragsteller können jedenfalls die Erläuterungen nicht lesen. Könnten sie das, würden sie sie ohnehin nicht verstehen. Das macht ja Sinn, weil sich Verwaltung nur von dem erhalten kann, wovon die Verwalter gut leben können. Ihre eigene Abschaffung werden sie also nie beschließen.

Die stumpfsinnigen Befehlsempfänger dürfen im Zuge der Antragstellung - ausgestattet mit härteren Überzeugungswerkzeugen - die privaten Gemächer der Antragsteller betreten oder stürmen und wie wild herumschnüffeln, z.B. in den Unterkleidern. Da Frauen leider noch nichts zählen, dürfen die von oben Befugten diese nebenbei in den Arbeitspausen auch unsittlich berühren, wenn nicht Schlimmeres. Zusätzlich haben sie den Auftrag - und das schaffen sie gerade noch - auszumessen, ob die Häuser und Wohnungen zu groß sind, also in ihnen zu viel Wissen, z.B. in

Schriftrollen oder Büchern, lagern könnte. In diesen Fällen werden die Menschen in kleinere Wohnstätten vertrieben oder die vorhandenen mutwillig zu gewinnträchtigen Einheiten aufgeteilt. Überhaupt wird alles aufgenommen und beanstandet, was zu viel ist. Zwei Pferdwagen, zu viele Lebensmittel oder Tee, neue Kleidungsstücke, sofern nicht die des Kaisers. Wertgegenstände und Bargeld in verborgenen Truhen, unter den Liegestätten oder in den Ställen interessieren natürlich besonders und werden sofort enteignet für wohltätige Zwecke oben. Auch Kranke, zu Alte und Schwache werden auf eigene Kosten zum Arzt geschickt, wenn einer da ist, oder landen auf Nimmer-Wiedersehen in geistheilenden Anstalten.

Damit die wenigen oben reich bleiben können, sind Prinzipien notwendig. Richtschnur für alle Wandlungsmaßnahmen wie z.B. Hausbesuche, die den Schnüfflern allerdings in Körpersprache übersetzt werden muss, wird daher das berühmte „Handbuch für die Massenvernichtung von überflüssigem Wissen zugunsten oben wenig störender Arbeitssklaven". Das Handbuch enthält auch philosophische Betrachtungen und Methoden für diejenigen, die einen zu hohen Widerstandspegel oder Grad des aufrechten Gangs aufweisen, d.h. nicht ständig vor der Obrigkeit herumkriechen. Sie kommen dahin, wo ihnen der Himmel auf den Kopf fällt. Je nach ‚Vermittelbarkeit' kommen sie gleich weg in unwirtliche Gegenden, in Steinbrüche, auf ferne Schiffsreisen, zu den Barbaren mit heimlicher Übergabe an der Grenze oder in ferne Kriegsgebiete. Oder man pfercht im ganzen Reich gekonnt die unwilligen bis willigen Gegner des Wandels in Lagern zusammen und trimmt ihnen die richtige Arbeits- und Lebensfreude ein. Erst dann können sie billig und massenweise vielfältig benötigte oder auch nicht benötigte Waren herstellen, deren Verkauf den Reichtum des Kaisers und seiner ‚Handlanger' nachhaltig mehrt. Wissen müssen die billigen Arbeitssklaven, für die diese Gelegenheit eine persönliche Bereicherung ist, dazu wirklich nichts. Das wäre ja für die Mächtigen schädlich. Deshalb dürfen sie die vier Schätze der Studierstube noch nicht einmal sehen.

140. Geschichte: Auswahl von Halbwissen

Es gibt eine markante Grenze der Wissensentwertung. Der ehrwürdige Kaiser und die unendlich große Schar seiner Anhänger können natürlich nicht alles allein machen: sieht man vom Einstreichen des Geldes ab. Das käme ja einer Überarbeitung gleich. So behält man sich vor, eine gewisse kritische Masse an besonders gewissens- und wissenslosen Sklaven auszusondern und ihr geringfügiges Wissen für verwertbar zu erklären. Damit soll aber auf keinem Fall eine Bresche für Lernen geschlagen werden. Nach der Kerbe im Boot darf auf keinen Fall das Schwert im Wasser gefunden werden. Das würde ja die bestehende Ordnung gefährden.

Meist handelt es sich bei den Auserwählten um Angehörige noch halbwegs angesehener Familien, die in irgendwelchen von oben angeordneten Kriegen, deren Gründe keiner mehr kennt, irgendwelche Ehren erworben haben. Darauf bilden sich diese Auserwählten etwas ein und folgen dem Zwang, Fahnen mit Tierzeichen wie Krähenfüßen oder Schweinshaxen auf ihrem Dach anzubringen und die Angehörigen niedriger Schichten auch noch ehrfürchtig grüßen zu lassen.

Alle Volksmitgliedern müssen regelmäßig Abgaben für die Erhaltung der öffentlichen (Nicht-) Dienste zahlen. Die öffentlichen (Nicht-) Dienste haben ja die ehrenvolle Aufgabe - im Auftrag des Kanzlers im kaiserlichen Sekretariat und auf Druck schwarzer Schamanen - den (Un-)Wert gelegentlicher (un-) menschlicher Arbeit in den unteren Volksschichten mehrheitlich zu bestimmen. Schrittweise entsteht dadurch eine wichtige Grundlage dafür, die eigenen Mitmenschen unter ‚vollem Lohnausgleich' gegen das eigene Gewissen zu verraten, wenn es einem selbst gut geht.

Die enge Zusammenarbeit mit dem zuständigen zentralen Verteilungsministerium und dem landwirtschaftlichen Duftnotenverbreitungsamt des Kaisers fördert dann die Auswahl derjenigen, die der totalen Wissensentsorgung entgehen sollen und zu Halbwissenden erklärt werden können. Zweifel darüber deckt der Mantel der Gerüchteküche im Lande wirkungsvoll zu.

141. Geschichte: Es bleibt ein Rätsel

Die Geschichtsforscher und Volksgrabkundler stehen vor einem Rätsel. Die Wissensentwertungsämter entpuppen sich nämlich als wahre Fundgrube für weitreichende Studien. In den Fluren finden sie massenweise öffentlich skelettierte Menschen, die nicht mehr herausgekommen sind ins Leben oder was man dafür halten kann. Außenstehende Weissager, die wohl noch keiner zur Unmenschlichkeit verleitet hat, haben neben die Verblichenen das mahnende Stern-Zeichen der zu unrecht von den braunen Banden Verfolgten und Ermordeten hinlegt. Diese Abweichung von dem Verbot eigener Meinungsbildung gegen die untrüglich-zweifelhafte Wahrheit von oben muss wieder einer hoch gebildeten Verwaltungskraft entgangen sein. Wer hat die Wachhunde vor dem Ausgang gegessen?

Da und dort finden die Gelehrten auch Lücken in den Gruppen der wissenslos Verblichenen. Sie finden heraus, dass ein beauftragter Künstler diese geistig stark verarmten Menschen ‚mumifiziert' und an öffentlichen Plätzen als leuchtendes Beispiel für den Wandel ausgestellt hat. Diejenigen dagegen, die nach hartem Auswahlverfahren noch lebend heraus dürfen, dienen den ‚Verfolgern' einer möglichen „Herrschaft ohne alte Zöpfe" als Alibi oder dürfen als Gäste schon zu den alten Herrschaften dazu gehören.

In diesen alten Zeiten läuft alles so glatt ab, dass die große Koalition der öffentlich gut Beatmeten und ihrer Hilfsstäbe kein eigenständiges Rechtsinterpretationszentrum benötigt, um in Zweifelfällen den Zweifel bis zur Unkenntlichkeit aufheben zu können. Hier braucht man oben nur das Recht fallen zu lassen, damit es unten als Unrecht sein Unwesen treiben kann. Nur ein alle Banden übergreifender ‚Verwarzungsrat' sorgt für Allgemeingültigkeit, mit der man die zahlreichen Feiertage und Feste im Jahr durchstehen kann. Viele verdienstvolle Beamtenfunktionäre können dort ihre Ruhestätte finden, bevor sie in die Gefahr geraten, zu viel überflüssiges Wissen zu erwerben.

142. Geschichte: Entwicklung lenkt ab

Immer schon haben Herrschende darauf geachtet, dass ihr dummes Volk zu nichts kommt, außer sich für sie kaputt zu arbeiten. Muße, die im Vergleich zur bloßen Faulheit zu eigenem Denken führt, kann gefährlich werden. Sie kann nämlich zur Verlangsamung innerer Leere, gestörter Verständigung und fehlenden Einfallsreichtums führen, die schnelles Herrschen behindert. Die Muße müssen die Herrscher aller Zeiten daher durch geeignete Maßnahmen geschickt umsteuern oder gleich ganz abschaffen.

Sind Arbeitssklaven rund um die Uhr beschäftigt, kommen sie nicht zum Nachdenken und können keine gefährlichen Fragen stellen: z.B., ob Gottesanbeterinnen rund um die Uhr Zikaden fangen müssen. Dem Missbrauch, Spaß am Leben und Arbeit zu gewinnen, kann so rechtzeitig vorgebeugt werden. Wie können aber Bewusstsein und geistiges Vermögen der einzelnen Menschen friedvoll und nachhaltig ‚enthauptet' werden, damit sie sich nicht wie aus dem Nichts als freie Individuen selbst bestimmen wollen! Die Methode des kontrollierten Absterben-Lassens des Selbst vor dem Erreichen des eigentlichen Lebens hilft dabei göttlich.

Unterstützt durch die sinnstiftende Arbeit von Schlägertrupps, die das innere Zentralministerium gern von eingeschleppten braunen Barbaren ausbilden lässt, hat eine ganze Gilde von blutsaugenden Beratern in den Zwischenwänden der Paläste Beschleunigungsprogramme entwickelt. Sie können den Wandel zur Steinzeit erfolgreich begleiten. Das weit verbreitete und vorbildliche Handbuch der erhabenen Sittenverrohungslehre von Pih-fen Tzu hat diese Maßnahmen für die Nachwelt aufgeschrieben. Es enthält folgende Abschnitte:

- Zeitweilige Vorenthaltung von Nahrung oder Verteilung von minderwertiger
- Abschieben in abgelegene Sondereinrichtungen aus fadenscheinigen Gründen wie z.B. stinkt, keine Lust, klappert mit den Zähnen, vergesslich, hat noch Geld versteckt etc.
- Besuchsverbot in Freudenhäusern und erzwungenes Zuschauen-Müssen, selten Zwangkastration
- Ausschluss von Festen, Feiern und Volkssportarten, manchmal Verdammung zu lächerlichem Drachensteigen
- In Provinzen, die von den Missionaren viele seltsame Geschichten über die Barbaren gehört haben, Ersatz der Hahnenkämpfe durch Sklavenkämpfe unter erschwerten Bedingungen, d.h. nicht Kung-Fu, was jeder kann, sondern Kampf mit metallenen Teekesseln so lange, bis dass der Tod sie scheidet
- Als zweite Höchststrafe unmittelbare Mitarbeit am Wandel in Sichtweite des Kaisers oder seiner Ministerien, was kaum einer überlebt
- Als erste Höchststrafe Einführung von Wettbewerb unter Beamten.

So ist der Einsatz in den vielfältigen rektal orientierten Arbeiten an den Hinterseiten der Adeligen und Beamten gesichert, die sich ihren Allerwertesten ja noch nicht einmal selbst abwischen können und wollen. Im Sinne des allgemeinen Wohls der Herrschenden wird damit auch ein für die dauerhafte „Hinten-Hinein-Kriecherei" geeigneter öffentlicher Raum geschaffen. Ja, das Menschenherz ist eben nie zufrieden, wie eine Schlange, die einen Elefanten verschluckt, den Hals wohl nie voll bekommt.

143. Geschichte: Was auf keinen Fall geht

Ausbeutung in harten Zeiten würde ihre Grenze erreichen, wenn sie pietätlos würde. Auch wenn die Herrschenden fast verarmen könnten, dürfen also noch nicht einmal in Einzelfällen Menschen aus den arbeitenden Schichten künstlich mit Hilfe von giftigen Pilzen, Lebensverhütungsmitteln oder verfallenen Teesorten entsorgt und dafür auch noch Prämien gezahlt werden.

Heimlich arbeitet jedoch das zentrale Ministerium für verkehrte Wege, geleitet von der Halle für des Kanzlers Sache, schon an Konzepten zur sicheren Beerdigung von Volk. Das zuständige Recht-Entsorgungsministerium arbeitet dem mit einem Gesetz für die zwanghafte Entsorgung wegen erwiesener gesellschaftlicher Untauglichkeit zu. Im Zuge einer ausgiebigen Beratung durch die Mehrheit der zentralen Verratsstellen bestünde im Bedarfsfall die Chance, dieses nachhaltige Gesamtkonzept zu verabschieden. Später sollen dann noch ein paar schwarze Missionare in den Beratungsprozess eingeschleust werden. Die verfügen ja über viel Erfahrungen darüber, wer in die ewige Wüste gehört und wer nicht und wo sich Himmel und Erde wirklich treffen dürfen. Ihre Zumutbarkeitsregeln für gelegentliche Arbeit, d.h. dafür, welches Volk man den Störchen noch zumuten kann, könnte wohl der erste Schritt vom selbst hergestellten Chaos zur zufällig geordneten Akklamation der jeweiligen Herrscher sein. Die Vereinbarung einer festen Zusammenarbeit schwarzer und roter Banden würde dies erleichtern.

Das Leben, wenn man es so noch für die Menschen unten

nennen kann (manche Verrückte nennen sie die Mehrheit), wird jedenfalls, das ist zuversichtlich sicher, immer unsicherer und lässt das Ende ahnen. Lebt nämlich das Volk nicht schlecht genug und daher zu lang, wächst das Fleisch der schlafenden ‚mächtigen' Schweine zu langsam. Und diese Tiere sind in Ländern fern ihrer Mitte ausnahmsweise nicht ehrlich. Die Oberschicht benötigt dann nur jemanden, der für die Missstände verantwortlich ist außer ihnen selbst. Wer ist das wohl wieder! Ein rostiges Schwert vor dem Eingang einzugraben und auf die inne wohnende Kraft zu hoffen reicht nicht.

144. Geschichte: Naturkatastrophengötter

Glücklicherweise sind die Kurznasen noch nicht mit den Langnasen fest mit Hilfe eines künstlichen Netzes verbunden, wie das in ein paar tausend Jahren kurz vor der großen Katastrophe möglich sein wird. Beunruhigende Botschaften aus den Ländern fern ihrer Mitte erreichen daher das Land mittendrin nur halbjährlich.

Offensichtlich wissen die Barbaren im Westen nicht, was sie tun. Zudem stören sie mit dem, was sie konsequent lassen, dabei auch noch die engere und weitere Umgebung: seien es Tiere, die sie für überflüssig halten, sei es Grünzeug, sofern sie es nicht essen, seien es Menschen, die gegen sie sind, und seien es andere Staatsgebilde, die sich mit ihnen nicht verbünden wollen.

Diese Menschen tragen ihre Langnasen hoch und stoßen dabei überall an, weswegen sie das alles weg haben wollen. Lasst sie aussehen, wie sie wollen!

Die Kurznasen erschüttert nämlich weit mehr als das. Die Langnasen haben nämlich den flächendeckenden Hang, entweder auf der Natur herumzutreten, weil sie scheinbar im Weg ist, oder sie auf Papierdicke zusammen zu quetschen.

In den Stadtgebieten pinkeln sie in die Ecken oder tun noch mehr. Ihre Essensreste, Abfälle, Unrat - manchmal auch Totgeburten - und vergiftete Brühe aus den Färbereien und Quecksilberbergwerken, in den ohnehin kein anständiger Mensch arbeiten kann, kippen sie in frische köstliche Gewässer. Obst und Gemüse besprühen die Langnasen mit Gift, damit sie auf langen Reisen länger halten. Ihr

Genuss verkürzt das Leben. Selbst das Meer zieht sich da und dort erregt und ärgerlich zurück, wenn es auch noch wieder kommt. Da diese Barbaren wesentlich mehr als drei Mal am Tag oder fast ständig essen, brechen z.B. gerade noch essbare Tiere - v.a. Schweine - aus und suchen das Weite. Selbst Wälder, die manchmal von braunen Banden aus Erkennungsgründen braun gefärbt werden, weigern sich weiter zu wachsen. Die Wälder sehen nicht ein, dass sie zu Schiffen verbaut werden sollen, die dann wegen unüberwindlicher Zollregelungen nutzlos werden und irgendwo verrotten. Der Händler Huo fu tze, der viel in diesen seltsam fremden Ländern umgereist ist und meist Tee vorbeigebracht hat, hat sogar Esel getroffen, die nicht mehr I a sagen wollen. Überall in den Stadtbezirken hat es grauenhaft gestunken. Manche Herrscher, sofern sie noch nicht erstickt sind, haben das Tragen eines parfümierten Mundschutzes und von Nasenklammern angeordnet. Damit wollen sie Schlimmeres wie z.B. den Verlust von Steuereinnahmen oder Arbeitsunfähigkeit verhindern. Es sollen sogar Alte und Kranke in der städtischen Jauche elend ersoffen sein.

Keiner kommt auf die Idee, Natur, wozu zumindest doch die Natur der Oberschicht gehört, zu schützen. Natürlich dürfen die Langnasen Brot essen, Bier brauen, Tiere zum Verzehr schlachten, Rübenkraut herstellen. Warum nehmen aber die Bäcker nur Mehl von verfaultem Getreide? Warum ist das Bier mit Urin versetzt? Warum lassen die Fleischer das Schwein vergammeln, bevor sie es Stück für Stück verkaufen? Warum wird das Rübenkraut mit Hühnerfedern versetzt? Was keiner mittendrin hier versteht ist, dass all das verkauft werden darf und die Lakaien der Herrschenden mit der Peitsche dafür sorgen, dass der geforderte Preis dafür gezahlt wird. Das Volk, das ja leben muss, erfährt vorher über Bilder auf Wandtafeln, wovon ihm schlecht werden soll.

Jetzt stoßen aber die Pi Jen T'ien zu sehr an Grenzen von Ländern mit einer grünen Mitte. Im Auftrag eines im Land der Nudelesser herrschenden Kirchenfürsten mit Namen Oh-Pa-Pa-Tzu ist eine Abordnung mit kircheneigenen Soldaten, schwulen Priestern, die wohl Pinguine suchen, Alchimisten, Magiern und Schreibern zu Schiff ins große Eis weit hinter den Lappen zum Aufnehmen von Dreckwasser gefahren. Ziel der fast geheimen Erkundigungsfahrt ist das massenweise Abhacken von Eiswürfeln in Häusergröße. Nicht nur, dass dabei die Eisruhe des jagenden Weißbären und der gejagten Robbe gestört wird. Der Kirchenfürst ist so gläubig, dass das Eis in dieser Menge Scheintoten zur ewigen Ruhe verhelfen soll. Unklar ist, was passieren wird, wenn diese riesigen Eisklötze in wärmere Gegenden kommen, also ins Land, wo die Nudel blüht.

Der Kaiser von Chung lüh hat jedenfalls jetzt befohlen, eine Mauer um das Land der Mitte zu bauen. Sie soll verhindern, dass die Barbaren aus dem Westen kommen, um ihren Unrat hier abzuladen, weil sie bei sich selbst dafür keinen Platz mehr haben. Begleitend kommen auch wieder alte Naturgötter auf, die lange Zeit in der Versenkung gelebt haben und jetzt sogar vorausschauend die Schule der Tsai gegründet haben. Sie sind ja ausgelaufen, weil mittendrin alles schon Natur gewesen ist und die politische

Schule für die Verbreitung von gebrauchten Sitten nichts über Natur wissen darf und die Schule für das Nichts nichts darüber wissen muss.

Und diese Götter für Naturkatastrophen jeder Art freuen sich, dass sie wieder unter die Bettdecke von uns Menschen glotzen können, um zu prüfen, ob hier wenigstens alles natürlich zu sich geht.

145. Geschichte: Gesund, Nicht-Kranksein

Im Kang ping kann jeder, der schon lesen kann, nachlesen, warum er gesund ist. Das hat ja Vorteile, denn er ist dann nicht krank und kann arbeiten. Dafür muss jeder schon prinzipiell dankbar sein. Zusätzlich kann ihm das kaiserliche Sekretariat von dem Geld, was er verdient, etwas einbehalten, um die gesund zu pflegen, die ihre Krankheit selbst verschuldet haben. Leider geht dieses Konzept nicht sofort auf. Zum einen zahlen nicht genügend Arbeitende ein, weil sie lieber zu Hause nichts tun, oder es ist noch zu wenig, obwohl eigentlich 60 % Abzug von ihrem Einkommen ausreichen müsste. Familie und Clan, von denen viele schon alt sind und nicht so viel fürs Leben benötigen, kommen mit 40 % wohl aus. Zum anderen muss diese freiwillig gezahlte Steuer landesweit eingezogen und dann sorgfältig-undurchschaubar verwaltet werden, so dass über die Hälfte der Gelder für Gesundheitzurückholmaßnahmen in den Fängen von Verwaltungsparasiten oder Reiswürmern hängen bleibt.

Hier helfen nur noch drastische Umsteuerungsmaßnahmen, die der Kaiser, der das meiste abzweigt, gern ergreift. Zum einen werden die Arbeitsunwilligen von ehemals zur Arbeit Gepeitschten zur Arbeit gepeitscht, die ja da ist, wie immer versteckt. Den Kaiser interessiert wirklich nicht, ob Arbeit ihnen Spaß macht oder sie weiterbringt. Zum anderen werden die Steuern so weit erhöht, dass dadurch mehr für Gesundheitsmaßnahmen erhalten bleibt und der Anreiz zur Mehrarbeit erhöht wird.

Nach Jahren zeigt sich die Wirkung dieser durchgreifenden

Reform. Keiner wagt mehr, krank zu werden, und den Herrschenden mit ihrem Verwaltungswurmfortsatz geht es besser denn je.

Das ist wieder ein leuchtendes Beispiel, wie in Ländern, die ihrer geistigen Mitte weit entrückt sind, sich kranke Köpfe Gesundheit bringende Reformen für ein dankbares Volk ausdenken können. Wer allerdings z.B. blind auf die Welt kommt, hat das Nachsehen. Der einzige Ausweg besteht für ihn darin, als Künstler - in diesem Fall nicht Malerei - berühmt zu werden.

Andere Aussichten könnten sich für die späten Menschen ergeben. Prophezeiungen behaupten, dass das Gehirn eines Menschen über eine besondere Einrichtung mit seinem gelähmten Bein verbunden werden kann und das Gehirn ihm befehlen kann, sich zu bewegen. Angeblich würde jenes dazu die Nerven im Rückgrat nicht mehr benötigen.

146. Geschichte: Dienst an der Waffel

Länder in der Mitte haben gar kein Wort für Krieg. So nennen es die Barbaren, die im Westen nicht mehr barfuß sind. Länder, die ihre Mitte längst verloren haben, müssen sich noch etwas einfallen lassen. Erst irgendwann in grauer Zukunft soll es nämlich möglich sein, den Dienst an der Waffel zu verweigern. Das Gegenteil von Frieden ist leicht, denn Länder ohne Mitte leben ja dadurch von Feinden außerhalb, dass deren Bekämpfung mit hoch entwickelten Waffeln Gewinn bringt und vor der Lösung des eigentlichen Problems innen ablenkt.

Der an der Armutsgrenze lebende Ih Kai Ih Lih greift eines Tages nach den Sternen, weil er die Landwirtschaft satt hat. Wie im Rausch stellt er Waffeln her, in die er Gift mischt, nämlich hoch konzentriertes Salbei, faule Eier, diverse Pilze und Pfefferkörner. Als er völlig betrunken ist, wirft er diese Waffeln unüberlegt seinen Schweinen vor. Wer hätte es nicht geahnt, diese armen Tiere verenden elend. Wieder nüchtern geworden, erkennt der weise Erfinder, dass es sich wohl um die Erprobung einer hochgradig wirksamen Waffe gehandelt hat. In Ländern fern ihrer Mitte nennt man das eine Geschäftsidee, mit der man viele Lochmünzen verdienen kann. Ih Kai Ih Lih, der jetzt Fu Tze heißt und mit Zweitnamen Geld würgender Ackergott, muss nur noch sicherstellen, dass die Feinde für die Anwendung der Waffe gestellt werden. Er reist also zum zuständigen Minister für äußere Schweinereien und erhält sofort einen Termin. Das Gespräch ist zwar kurz, weil die letzte Konkubine dem Minister das Herz gebrochen hat und er eine weniger belastende sucht. Erst in grauer Zukunft werden die Ärzte wohl ein völlig neues Kunstherz aus vielen kleinen Teilen nachdrucken können, so dass auch der Kaiser immer wieder aufs Neue zu einer frischen Lotusblüte ins Bett steigen kann.

Das Gespräch ist aber auch ertragreich, weil der Minister sofort erkannt hat, dass es etwas für den Staat und viel für ihn selbst zu holen gibt. Es ist also leicht, den Kaiser davon zu überzeugen, dass er seinen Nachbarn nicht leiden kann, weil der zufällig die Farbe rot liebt, und dass sein Reichtum hier besser angelegt ist. Außerdem sind die Soldaten schon zu lange arbeitslos und stören den privaten Frieden, indem sie die Geburtenrate unnötig in die Höhe treiben. Wer will die Kinder alle ernähren, auch wenn es nur die männlichen sind!

Der Feind ist jedenfalls schnell gefunden, wenn man nicht reden will. Das Volk hat wie immer nichts anderes zu sagen als „Ja, ich ziehe mit!" Der Waffelhersteller hat einen riesigen Auftrag und kann das Volksheer mit Waffeln versorgen, mit denen es mutig und laut jubilierend gegen den Feind zieht. Der hat keine Waffeln, weiß noch nicht einmal, was das ist. Es ist also klar, was passieren wird. Er wird eben vernichtend geschlagen, sein Land verwüstet, ausgeraubt und eingemeindet, die Männer getötet, die Frauen vergewaltigt, die Kinder, ehe sie selbst waffelfähig werden können, umgebracht. Alte und Kranke überlässt die siegreiche Armee sich selbst oder den Tieren. Dem Kaiser geht es danach noch besser, dem Waffelhersteller wieder gut, der Minister und überhaupt der Staat erhält sich weiter auf hohem Niveau. Das Volk, jedenfalls der Teil, der lebend zurückgekommen ist, hat seinen kurzen Spaß und läuft dann wieder weiter im Hamsterkäfig für die da oben rund. Keiner hat ihm beigebracht, dass es das Wort nein gibt.

147. Geschichte: Huhn in der Provinz

Ja, wie lassen sich Hühner dazu umschulen, eine Verwaltungslaufbahn einzuschlagen, auch wenn das Kopfnicken hinderlich wäre? Mit solchen tiefssinnigen Fragen beschäftigt sich die Schule um den Gelehrten Chu Tze, seit dieser nachts sogar Götterschreine bewegen kann, die es nur in der Einbildung der niedrigen Schichten gibt. Daraus hat sich ein schwergewichtiger Beratungsansatz für die kopflosen Provinzfürsten und deren selten denkendem Verwaltungsapparat entwickelt. Diese erleuchtende Methode setzt darauf, dass sich die Abgeschiedenheit von Herrschaftsbereichen und die religiöse Verstreutheit Andersdenkender gegenseitig abbauen.

Chu sucht nun noch nach einem Mittel, mit dessen Hilfe die schwierige Zweibeine-Methode einen Fluch auslösen kann bei denen, die dagegen sind. Was das für die Hühner in den Provinzen, die im Wettbewerb um Reichtum stehen, bedeutet, ist noch nicht gesichert. Es kann sein, dass dort die Hühner anstatt Eier Steine legen. Falls es sich um Baumaterial handelt, ändert sich wenig. Dann verschiebt sich also der Wettbewerb nur geringfügig.

Unter Umständen muss dann an den Schriftzeichen gearbeitet werden, so dass ihnen vielleicht irgendwann ein braunes Licht aufgeht. Den Herrschenden ist die Farbe ihrer Herrschaft immer schon gleichgültig gewesen. Für sie zählt nur das Ergebnis: Die Herrschenden dürfen alles und haben deswegen alles und umgekehrt, und das Volk darf nichts und hat nichts und umgekehrt.

Jemand der glaubt, das Volk müsste, könnte, wollte und

dürfte herrschen oder das wäre sogar schon die Wirklichkeit, dessen Dachstroh brennt lichterloh oder wird weder
mit Eiern noch mit Steinen fertig.

148. Geschichte: Laterne und Freunde

Freunde braucht der, der in der eigenen Familie und Clan fremd ist, nichts besitzt, nur von fremden Frauen träumen darf und sich dafür entschuldigen muss, wie er ist.

Auch Tan pu freut sich also, wenn keiner da ist und seine Freunde lange in seiner Hütte mit ihm als wahre Gäste zu Tee sitzen oder sich sogar den Magen mit Leckerem füllen. Aber irgendwann gehen auch schöne Stunden zu Ende. Mit Laternen kann man Freunden zumindest bis zum Dorfrand heimleuchten. Aber, was ist hinter dem Dorf? Welcher wirkliche Freund setzt seine Freunde fast in der Wildnis aus, um sie den wilden Tieren zu überlassen oder - vielleicht noch schlimmer - den eigenen alten Weisheiten von vorgestern! Wer kann damit Blumentöpfe für den Himmelssohn gewinnen?

Glücklicherweise ist Tan pu nicht Herr Klug und gleichzeitig Herr Töricht, was so viel wie Herr Altklug bedeutet. Es ist auch gut und gereicht zur bescheidenen Ehre, dass die Hütte des Freundes im Dorf Hui Siao kein Kloster schwarzer Missionare ist. Dort würden nur Regeln, Keuschheit, Askese, Schweigen im Wald, Einsamkeit und Stille ohne Erleuchtung herrschen, was krank macht.

Tan pu ist ein Herr Klug mit praktischen Erfahrungen, die vorbildlich sind. Er gibt seinen Freunden die Laternen mit. Sie werden zu Freunden am Weg, die ihn zwar nicht kürzer, aber heller machen.

Völlig irrsinnig wäre es gewesen, sich in mechanischen Wagen schlafen legen und auf unsichtbaren, aber vorhandenen Luftstraßen sicher nach Hause fahren lassen zu wollen.

149. Geschichte: Das zuckende Hähnchen

Die Schrift und die Bedeutung der Zeichen haben sich hier in der Geschichte zwar fast nicht verändert, aber sie werden sehr unterschiedlich ausgesprochen. Darüber hinaus ist aber Sprache ein beliebter Tatort, an dem sich viel verbirgt. Während einer gleichzeitig meint, die Welt sachlich zu beschreiben, verraten seine Worte zusammen mit seiner Mimik und Gestik und seinem Körper etwas Anderes über ihn in der Tiefe. Das muss dem Sprecher nicht angenehm sein.

Es hat einmal einen Beamten gegeben, der immerzu mit dem Kopf gezuckt hat, um seine Worte wohlgesetzt herauszuquälen. Warum, weiß keiner. Es kann schon von Geburt an (auf keinen Fall vorher) so gewesen sein, wie ein Wunderheiler namens Chi Tse vermutet. Der hat allerdings einen gewagten Zusammenhang zwischen der Nahrung von Hühnern wie Körnern, Würmern, Insekten und sogar Mäusen, der Hackordnung untereinander sowie Zuckungen in Kopf und Herz hergestellt. Oder rührt das Kopfzucken nicht einfach daher, dass Hühner sehr harte Nahrung mit ihrem Magen verarbeiten können?

Das ist wohl die Grundlage für Hoh Tze gewesen, seinen König zu beraten, der er gern selbst hätte sein wollen. Eines Tages berichtet er wieder sehr sachkundig seinem König über die Vorkommnisse im Land. Alles ist eigentlich in Ordnung. Schlaglichtartig und abgehackt nudelt Hoh Tze die Steuereinnahmen, den Fortschritt der Bauarbeiten, die Sklavenanzahl, die Bildung neuer Denkschulen, die Ausgezeichneten für erhabene Bildungsabschlüsse, die

Liste der Bestechungsgelder, Hinrichtungen, neue Kochrezepte und Krankheiten und vieles mehr herunter. Er lässt natürlich die Zahl der Verhungerten und Bettler außen vor, die den König nicht interessiert. Der Vortrag dauert dadurch, dass Hoh Tze jedes Wort umständlich herauswürgen muss, einen ganzen Tag lang. Während der König dabei trinken und essen kann, darf Hoh Tze nichts zu sich nehmen. Die Ehre verlangt von Hoh Tze, nicht um Speis und Trank zu bitten. Er ist am Ende des Tages daher ausgelaugt und fertig. Das Knurren seines Magens stört seinen Bericht, so dass er lauter würgen muss. Dadurch werden Mund und Rachen, Zunge und Gaumen noch trockener. Schließlich verändern sich Sprache und Tonfall. Es kriechen immer mehr Worte aus dem Volksmund hervor wie Schwein und A... Die Sätze werden noch kürzer, er benutzt Abkürzungen. Er nuschelt mehr und mehr. Sein Tonfall wird ungehaltener, fast klingt er gebieterisch. Seine Gestik und Mimik, sofern sie nicht schon entgleist sind, unterlegen diesen Wandel sichtbar. Der König hört immer weniger auf den Inhalt des Berichts.

Irgendwann rückt Hoh Tze verbotener Weise so nah an den Herrscher heran, dass er Auge vor Auge vor ihm steht. Nur 10 cm trennen sie voneinander. Hoh Tze wirkt so, als ob er dem König droht. Zusätzlich bespukt er ihn mit herausgerissen Worten, was den König entehrt. Der weicht immer mehr zurück, seine Augen sind vor Schreck geweitet. Er versteht nichts mehr. Doch plötzlich presst Hoh Tze ein schrecklich schrilles Wort, mehr einen Laut aus dem Gehege seiner Zähne: „Chen!"

Die Missionare würden sagen: Das ist der Pluralis Majestatis. Ja, Chen bedeutet das unaussprechliche „Wir, der Kaiser."

Das ist ein Ausrutscher mit weit reichenden Folgen. Das zuckende Hähnchen kann allerdings nicht wie ein übliches Hähnchen ohne Kopf über den Hof laufen.

Damit ist es nicht getan, denn seitdem leidet der König unter einem Hähnchenwahn. Das äußert sich so, dass er sich den ganzen Tag nur mit bestimmten Aufgaben beschäftigt. Eine, unter der viele leiden sollten, bevor sie geköpft werden, ist folgende: In einem Käfig befinden sich insgesamt 35 Hühner und Kaninchen. Zusammen haben sie 94 Beine. Wie viele Kaninchen, wie viele Hühner sind im Käfig? Wer nicht auf 23 Hähnchen und 12 Kaninchen kommt, hat eben Pech gehabt.

150. Geschichte: Ewiger Kreislauf

Alle sind ja gleich. Mehr Leben bedeutet daher für jeden weniger Tod, wie kürzlich Li-p'uh - das ehemalige hohe Mitglied der zentralen Volksverwaltung, zuständig für außenstehende Angelegenheiten - sich bei einem der vielen Feste von der Seele geredet hat. Wer selbst so viel Geld und Zuwendungen widerwillig annehmen muss, kann natürlich solche Sprüche locker ,kloppen.' Keine Sorge, das Volk überlebt mühelos, wenn es heimlich mehr für sich arbeitet, die Kriminalität nicht nur den staatstragenden Kräften überlässt, schwere Krankheiten aushält, auch mal phantasievoll Gewalttaten begeht, sich mit Süchten erfolgreich arbeitsfähig erhält und sich nicht dabei erwischen lässt. Wer erwartet schon den groß angelegten Selbstmord von einem Volk, das eigentlich schon tot ist oder zumindest in der Warteschleife dafür steht. Und die verantwortlichen Staatsbeamten feiern die Abschaffung der Menschlichkeit noch als Erfolg, so lange es ihnen dabei gut geht. Wenn Herrschaft fast wie von selbst funktioniert, also das Volk sie nicht wirklich wählen darf, brauchen jene noch nicht einmal nach außen so tun, als ob sie eine schwere Last trügen, und nach innen selbstzufrieden zu feixen und heimlich zu seufzen: „Was ist das Volk blöd!"

Die von oben sorgfältig eingeleitete soziale Absenkung des Großteils der Bevölkerung stößt in den grauen Vorzeiten von Herrschaft auf einen markanten Grenznutzen für die ständige menschliche Rückwärtsentwicklung. Es entsteht nämlich ein grundlegendes Problem, dass gelöst werden muss. Was soll nämlich der Erhabene mit seinem Hofstaat und Beamten ohne oder mit zu wenig Volk machen! Eine Restpflege auf Mindeststandardniveau ist also weiterhin erforderlich. Damit aber dabei nicht zu viel Zuckerbrot verteilt wird, muss die Peitsche immer mitschwingen. Bei fehlendem Wohlverhalten oder zu vielem Lesen scharfer literarischer Reisweine vom Baum der Erkenntnis müssen die Störche oben die Frösche unten, die nur hundert Namen tragen, immer wieder kurz vor den Hungerstod stellen. Das ist nicht schlimm. Die Oberschicht kann darauf vertrauen, dass die Gemeinschaft der Frösche jenen verhindert, ohne dass man sich mit tausendjährigen oder faulen Eiern aushelfen müsste.

Gegen den Tod der geistigen Erleuchtung der einzelnen Menschen in diesen dunklen Zeiten kann man aber kaum etwas unternehmen. Sicherheitshalber sollte aber das zentrale Gewissensministerium den Generalverdacht der Abweichung vom ,lauwarmen Hauptstrom' pflegen, um der emotionalen Vergiftung eines wie immer selbstständigen ,Volkskörpers' vorzubeugen. Wem nützen schon Frösche, die nur symbolisch mit den armen Unterdrückern oben mitmarschieren, ohne den Störchen nicht wirklich mit Herz und Seele Nacktmodell sitzen zu wollen!

Unter diesen Bedingungen muss keiner befürchten, dass ein niedriger Bewusstseinsstand stören würde. Die Herrschenden müssen sich nur weiter menschliche Halbbildung leisten können dürfen. Damit wären Beamte wieder am rechten Platz, von denen man nicht mehr verlangen müsste als bisher. Es würde sogar reichen, wenn ihr Restwissen irgendwo für den Bedarf abgelegt wäre, z.B. zwischen zwei Städten des Reiches in der Luft.

Der Bedarf an einfacher, geringfügiger Arbeit ist jedenfalls so groß, dass man ihn mit den eigenen Sklaven allein nicht decken kann. Der so genannte technische Fortschritt, den es ja erst viel später geben wird, würde das auch nur oberflächlich abmildern. Es bleibt also jetzt nur reiner Aberglaube, man könne Menschen - vor allem, wenn sie noch zu gut sind - durch gefühllose technische Apparate wirkungsvoll ersetzen. Da also alle Stöcke, Entschuldigung, Stricke gerissen sind, darf das geeinigte Reich mit seiner neuen zentralen Hauptstadt daher Barbaren mit noch weniger Wissen einführen. Die Amtsprache mussen sie gar nicht erst können. So heißt es in den offiziellen Verlautbarungen des zentralen Bildungsabsenkungsministeriums (ebenfalls geleitet vom ehrrührenden ,Pi-sa-tze'). Die Berater vermuten kauend, dass die Barbaren noch willigere Arbeitssklaven sind und noch weniger Reis als Bezahlung haben wollen.

Aber, auch solche Mäuse muss man mit dem billigen Speck fangen, dass sie ja keinem oben eine Grube graben dürfen, weil sie sonst selbst hineinfallen würden. Sind sie erst mal in der Falle, kommen sie ein Leben lang nicht mehr darauf, dass sie selbst dazu nur eine schlichte Schaufel benötigt hätten. Das ist Gesetz seit dem goldenen Zeitalter der 5 Urkaiser, die im Paradies gelebt und dort viel Zeit gehabt haben müssen, um an dem, wie Menschen wirklich sind, vorbei zu denken. Was bleibt den Fröschen übrig, als der Erfahrung des verirrten „Flöten-Bläsers" Mi-Jo-Heh-Tze zu folgen, der gern mit einer Marderfellmütze im Bett liegt und auf halbweisem Niveau grübelt. Danach darf das einfache Volk auf einen Maulbeerbaum klettern und vom Urweg und der Macht, der Kraft Te, träumen. Das Zeichen wird seltsamerweise zur Bildung des Wortes „deutsch" verwendet. Das Volk unten darf davon träumen, dass Güte, Wahrheit und Mitmenschlichkeit in gleichem Maße wächst, wie die selbstbezogene Bosheit in Ländern fern ihrer Mitte abnimmt und das lärmende Geldverdienen stilles Denken, Lernen, Lehren, Gespräche und Begegnungen unter Menschen nicht mehr verdrängt. In der Wirklichkeit ist es umgekehrt. Es geht fast nie darum, was aus den Menschen wird, aber meist geht es darum, wie aus Geld mehr Geld wird. Dieser Zweck heiligt wohl alle Mittel.

Das kommt aber leider erst kurz nach der großen Flut ans Licht, wenn die Frösche wohl zum ersten Mal aus dem Brunnen steigen. Erst kurz vor dem Ende wird dem Volk wieder die Erinnerung an die Überflüssigkeit von Göttern oder selbst ernannten Führungsgestalten bewusst. Bis dahin suchen die Herrschenden, zu denen auch die eigentlich nur nebenher arbeitenden Mehrfachverdiener gehören, vor allem ihren eigenen Vorteil. Ohne störendes Gewissen nutzen die Störche daher mit allen Mitteln die – im Vergleich zu den Störchen – gegen weit geringeres Entgelt arbeitenden Frösche erfolgreich aus. Arbeiten dann noch die Verwaltungsbehörden, zu der die Gerichtsbarkeit gehört, Regierung und die bestechende Wirtschaft eng zusammen und ist dies als Nicht-Verbrechen festgelegt, entsteht ein unkontrolliertes, da wertfreies, politisches Schlaraffenland für Störche. Die Ausführung durch Polizei, Militär, Geheimdienste ist dann nur noch Formsache. Versagen diese, können sich aber über Nacht noch Beweismittel in Luft auflösen. In fast zweitausend Jahren wird es dazu kommen, dass dieses Verfahren, den Tiger wieder in die Berge zurückkehren zu lassen, sich in einem Land der Langnasen ausbreitet: vorbei an dem angeblich herrschenden Volk.

Auf das Bild eines Drachens muss man daher endlich die Pupillen auftupfen, wenn die Sehnsucht des Schwans dem Finken nicht fremd sein soll. Es steht nämlich zu befürchten, dass die wahre Mitte, die mehr ist als die selbstsüchtige Gier nach allem, der Mehrheit der Menschen unten wahrscheinlich immer verborgen bleiben wird. Wasser in der Ferne löscht nun einmal das Feuer in der Nähe nicht!

Quellen und Hintergrundinformationen

Buch und Schrift. Jahrbuch der Gesellschaft der Freunde des deutschen Buch.- und Schriftmuseums, Neue Folge, Band III, Sonderdruckdruck, Leipzig 1940

China. Das Reich der Mitte, von Edward H. Schafer und der Redaktion der TIME-LIFE-BÜCHER, Reinbek b. Hamburg 1971

China-Link Kultur, http://www.chinalink.de/ kultur/main.html

China-Portal, http://lexikon.freenet.de/ Portal_China/alphabetische_Liste

Chinesische Mentalität zwischen Tradition und Modernisierung, http://www.inwent.org/E+Z/1997-2002/ez797-3.htm, 3.3.2003

Chinesische Schrift, http://de.wikipedia.org/wiki/ Chinesische_Schrift

Chinesische Zeichen, http://www.chinafokus.de/schriftzeichen/index.php

Chinesische Zeichen – chinesische Schrift- Artikel, http://www.chinaseite.de/Chinesische_Zeichen.463.0.html

Chinesischer Kalender, www.akupunktur.ch/ Kalender.html

Chinesischer Kalender, http://www.chinakontor.de/linker/index.php?cat=73

Chinesischer Kalender, http://lexikon.freenet.de/ Chinesischer_Kalender

Chinesischer Kalender, http://www.netzwelt.de/ lexikon/Chinesischer_Kalender.html

Chinesischer Kalender, http://de.wikipedia.org/ wi-
ki/Chinesischer_Kalender

Chinesischer Mondkalender, http://www.chinaseite.de/
Chinesischer_Mondkalender.754.0.html

Chinesisches Neujahrsfest, www.freenet.de/freenet/ rei-
sen/reisefuehrer/fernost/china_ volksrepublik /, 22.3.2005

Conversational Chinese with grammatical Notes, prepared
by Têng Ssǔ Yü, Chikago/London 1947

Chronologie – Chinesischer Kalender, www.phil.uni-
passau.de/histhw/TutHiWi/chronologie/ chronolo-
gie16.html ,7.3.2005

Der F'eng Shui Hsudoktor. Umrechnung des westlichen in
den chinesischen Kalender (Gan Zhi), www.fenghui-
hausdoktor.de/4s.htm , 3.3.2005

Der Traum der roten Kammer. Roman aus der Mandschu-
Zeit, Leipzig 1971

Die China Informationsseiten, http://www.chinaweb.de

Die chinesische Kochkunst, http://www.chinalink.de/k
ultur/kost/einf2.html

Die Entwicklung von Robotern im alten China, http://
www.chinaintern.de/article/Wissenschaftalte/
1093035240.html

Eberhard, Wolfram, Geschichte Chinas, Stuttgart 1971

Er Li, Lao-tze: Tao-tê-king: Das heilige Buch vom Weg
und von der Tugend. Reclam, Stuttgart 1994 (übersetzt
von Günther Debon)

Fabeln des chinesischen Altertums in moderner Sprache,
Chinesische Übungstexte, Heft 1, Dr. phil. Martin Piasek,
Leipzig 1961

Fabeln des chinesischen Altertums in moderner Sprache, Chinesische Übungstexte, Heft 4, Dr. phil. Martin Piasek, Leipzig 1972

Feifel, P. Eugen, S.V.D., Geschichte der chinesischen Literatur. Mit Berücksichtigung des geistesgeschichtlichen Hintergrunds (dargestellt nach Nagasawa Kikuya: Shina Gakujutsu Bungeishi, Zweite, neu bearbeite und erweiterte Auflage, Darmstadt 1959

Forke, A., Geschichte der alten chinesischen Philosophie, Hamburg 1964

Franke, H., Trautzettel, R., Das chinesische Kaiserreich, Fischer-Weltgeschichte Bd. 19, Frankfurt a. M. 1968

Gassmann, Robert H., Behr, Wolfgang, Antikchinesisch (3 Teile), Bern 2005

Geschichte und Kultur, http://www.chinarundreisen.com/chinauniversal/kulturchina.htm

Geschichten aus dem Alten China: Der Unterschied zwischen „Deinem Kaiser gegenüber loyal sein" und „Deinen Kaiser lieben", http://www.reines-herz.de/articles/00403/543.htm

Haenisch, E., Lehrgang der klassischen chinesischen Schriftsprache, I Textband, 7. unveränderte Auflage, Leipzig 1969

Haenisch, E., Lehrgang der klassischen chinesischen Schriftsprache, II Ergänzungsband, 6. Auflage, Leipzig 1969

Hamburger China-Notizen, Herausgeber und Verfasser: emer. Prof. Dr. Hans Stumpfeldt, Universität Hamburg, http://www.stumpfeldt.de/

Hsieh, Shelley Ching-yu, Tiermetaphern im modernen Chinesischen und Deutschen: Eine vergleichende semanti-

sche und soziolinguistische Studie. A semantic and socio-
linguistic Study of Animal Metaphors in modern Chinese
and German, 2000

Homosexualität in China, http://de.wikipedia.org/wiki/
Homosexualit%C3%A4t_in_China

http://www.chinesische-weisheit.net/Sprueche/index.htm

http://www.chinlex.de

http://de.clearharmony.net/articles/200403/15543.htm

http://de.wikipedia.org/wiki/Xiangqi

http://minghui.de/data/article/317/a31700.html

http://www.philolex.de/china.htm

*http://tobias-lib.ub.uni-
tuebingen.de/volltexte/2001/209/pdf/diss041-060.pdf,*
siehe auch Hsieh

Interkulturelle Seminare von Gerlinde Gild, www. china-
kompetenz.de/cms/front_content.php?idcat=4 , 3.3.2003

Kleiner Sprachführer, Chinesisch-Deutsch, Peking 1958

Kommunikation, http://www.xuexizhongwen.de/ in-
dex.htm?kommunikation.htm&1

Kung-chuan Hsiao, A History of Chinese Political
Thought. In: Volume One: From the Beginnings to the
Sixth Century A.D., Princeton 1979 (übersetzt von F. W.
Mote)

Langenscheidt Universal-Wörterbuch Chinesisch, Berlin/
München 2000

Lehrbuch der chinesischen Sprache, Band 1, verfasst von
der Sonderabteilung für chinesischen Sprachunterricht für
ausländische Studenten an der Peking Universität, Peking
1959

Li Gi. Das Buch der Sitte des älteren und jüngeren Dai (Aufzeichnungen über Kultur und Religion des alten Chinas), Düsseldorf-Köln, o.J. (3.-6. Tausend)

Lin Yutang (Hrsg.), Laotse, Frankfurt a.M../Hamburg 1956

Liu Mau-Tsai, Deutsch-Chinesische Syntax. Ein praktisches Handbuch der modernen chinesischen Umgangssprache, Berlin 1964

Lust, etwas über die Chinesische Kultur zu erfahren? www.jiang-kasten.de/page2.html

Mathew's Chinese-English Dictionary, revised American Edition, Cambridge 1969

Moritz, Ralf, Die Philosophie im alten China. Deutscher Verlag der Wissenschaften, Berlin 1990

Mythologie und Ritus im Alten China, 9. Rituelle Leitmotive, http://www.shiatsuworld.at/kultur/k13.htm

Opitz, P. J., Der Weg des Himmels: Zum Geist und zur Gestalt des politischen Denkens im klassischen China, München 1999

Renovanz, Paul, Tee Seide Porzellan, Leipzig 1957

Rubin V. A., Individual and State in Ancient China: Essays on Four Chinese Philosophers. Columbia University Press, New York 1976 (englisch)

Schmidt-Glintzer, H. (Hrsg.): Mo Ti : Von der Liebe des Himmels zu den Menschen, München 1992

Shi Nai-Lan, Panterschädel. Vom Waffenmeister der kaiserlichen Leibgarde zum Rebellen, bearbeitet von Renate Lenz, Heft 3, Chinesische Übungstexte, Leipzig 1969

Sprichwörter und Lehrgeschichten der Chinesen von Prof. Gu, Sheng Qing, Einleitung (S. 1), http://www. interbulletin.com/cspecial/deutsch/de000.htm, 3.3.2005

Strähle, Michael, Bücherverbrennungen und Zensur im alten China und ihre Folgen, http://voeb.uibk.ac.at/ bibliothekartage/2002/straehle.pdf

TaoTeching. Die Philosophie des Laotse, Sonderdruck aus Urania-Universum Band 2. Leipzig 1956

Tschông-Yông - Der unwandelbare Seelengrund, http://www.philos-website.de/indexg.htm?autoren/ konfuziusg.htm~main2

Unger, Ulrich, Einführung in das Klassische Chinesisch (2 Bände), Wiesbaden 1985

Unger, Ulrich, Glossar des klassischen Chinesisch, Wiesbaden 1989

Wejen Chang, Traditional Chinese Jurisprudence: Legal Thought of Pre-Qin Thinkers. Cambridge 1990

Wing-tsit Chan, A Source Book in Chinese Philosophy. Princeton University Press, Princeton 1969

Wunderärzte im alten China, http://www.chinaintern.de/ article/Wissenschaft-alte/1050946440.html

Xinnian - das chinesische Neujahr. Eine Hausarbeit von Stefan Schwäbig im Proseminar China: Tradition und Gegenwart II bei Frau Dr. Monika Motsch, http://www.china.uni-bonn.de/schrift/referate/Neujahr.htm

Zierer, O., Geschichte des Fernen Ostens, Weltgeschichte Bd. 33 - 36 (Lizenzausgabe für den Bertelmann Lesering mit Genehmigung des Sebastian Lux Verlages, Murnau), Gütersloh o.J.